matplotlib을 이용한
데이터 시각화 프로그래밍

matplotlib을 이용한
데이터 시각화 프로그래밍

파이썬으로 구현하는 데이터 분석용 2D & 3D 그래프

알렉상드르 드베르 지음   이문호 옮김

i!i
에이콘

에이콘출판의 기틀을 마련하신 故 정완재 선생님 (1935-2004)

지은이 소개

알렉상드르 드베르 Alexandre Devert

과학자이며, 현재의 문제를 빠르게 해결하고자 노력하고 분자 생물학자를 위한 도구를 개발한다. 이전에는 데이터 마이닝, 소프트웨어 공학, 수치 최적화를 연구했다. 파이썬이 정말 미치도록 좋아서 한다는 열광적인 파이썬 코더다.

인내하고 지지해주고 용기를 북돋워준 매력적이고 멋진 아내 시앙과, 지원과 격려를 해준 부모님께 고마움을 전하고 싶다.

기술 감수자 소개

프란체스코 베닌카사 Francesco Benincasa

소프트웨어 공학 분야의 이학 석사학위를 받았고, 설계자이며 개발자다. GNU/리눅스와 파이썬 전문가이고, 많은 언어와 애플리케이션에 다양한 경험이 있다. 10년 넘게 파이썬을 주 언어로 사용해왔으며, 자바스크립트, 그리고 플론Plone, 장고Django 같은 프레임워크도 활용해왔다.

고급 웹과 네트워크 개발은 물론 과학 데이터 처리와 시각화에도 관심이 있다. 최근 몇 년에 걸쳐 넘파이NumPy/사이파이SciPy 같은 과학 라이브러리와 맷플롯립/베이스맵Basemap 같은 그래픽 파이썬 라이브러리뿐만 아니라 GrADS, NCO, CDO 같은 과학 애플리케이션을 사용했다.

현재 바르셀로나 수퍼컴퓨팅 센터(www.bsc.es)의 지구과학부에서 세계기상기구WMO 모래먼지폭풍 자문과 경고 시스템(sds-was.aemet.es) 관련 연구 지원 엔지니어로 근무한다.

발레리오 마기오 Valerio Maggio

나폴리 페데리코 2세 대학에서 계산과학 박사학위를 받았으며, 현재 살레르노 대학의 박사후과정 연구원이다.

관심 연구 분야는 주로 비감독 기계학습과 소프트웨어 공학이며, 최근에는 링크 데이터 linked data 에 대한 시맨틱 웹 기술과 빅데이터 분석에도 관심이 많다.

학사학위 때인 2004년에 오픈소스 소프트웨어 개발을 시작했다. 2006년부터 파이썬을 시작했으며, 파이썬 관련 여러 오픈 프로젝트에 기여해왔다. 현재 기계학습 코드와 관련해 주류 언어로 파이썬을 사용하며, 실험 데이터를 분석할 때 맷플롯립을 풍부하게 활용한다.

이탈리아 파이썬 커뮤니티 회원이기도 하며, 체스 게임과 차를 즐긴다.

> 세상에서 가장 귀여운 아가씨이자 진실한 사랑과 변함없는 지원을 해준 발레리아에게 진심으로 감사한다.

조너선 스트리트 Jonathan Street

생리학과 생물지표 발견 분야에서 잘 알려진 연구자다. 2006년에 파이썬을 쓰기 시작했으며, 박사학위 논문에 많은 그림을 넣기 위해 맷플롯립을 폭넓게 사용했다. 파이썬 강의를 통해 파이썬 데이터 도구에 대한 관심사를 공유하고, 지역 단체를 위한 교육 프로그램을 이끌며, http://jonathanstreet.com 블로그를 운영한다.

알렌 치싱 유 Allen Chi-Sing Yun **박사**

암유전학 분야에서 근무하는 박사후과정 연구원이다. 2009년에 홍콩중문대학교에서 분자 생명공학 학사학위를 받았고, 2013년에 같은 대학에서 생화학 박사학위를 취득했다. 박사 연구과정 중에는 제프리 체페이 웡 교수와 팅펑 챈 교수의 지도하에 증식용으로 정규 트립토판이 아닌 독성 형광 트립토판을 사용할 수 있는 새로운 박테리아 변형의 게놈과 유전학적 특성을 연구했다. 이 연구 결과 알렌은, 유전자 부호는 불변하는 구조체가 아니며, 매우 적은 유사체 과민 단백질이 유전자 부호에 표준 아미노산을 지정하는 것을 안정화시킬 수 있음을 밝혀냈다.

미생물학을 연구한 후에 바로 유전적으로 다양한 퇴행성 신경질환 장애 그룹인 유전자 실조증에 기인한 새로운 돌연변이 표식의 인식과 특성화에 관여했다. 인간 암 표본(ViralFusionSeq)에서 바이러스 통합 이벤트를 검출하는 도구를 개발하게 되면서, 유전암 분야 연구도 시작했다. 현재는 나탈리 웡 교수 연구실의 박사후과정 연구원으로서, 간암의 고속 대량 서열 분석뿐만 아니라 여러 리눅스 기반 컴퓨터 클러스터 유지를 책임지고 있다.

해중海中실험실 기술과 컴퓨터 프로그래밍에 능숙하며, http://www.allenyu.info 의 블로그에 있는 지침서와 문서 모음집을 통해 오픈소스 기술 개발과 홍보에 최선을 다하고 있다. 웹사이트에 연락처가 있으므로, 궁금한 점이 있으면 연락할 수 있다.

옮긴이 소개

이문호 (best.conv2@gmail.com)

매일 3시간 이상 걸리는 출퇴근 시간에 다방면의 원서를 보고, 집에서는 밤늦게까지 수많은 논문과 책에 치이긴 해도, 마음만은 청춘이라며 '아재아재바라아재'라고 소심하게 외치는 아날로그 세대다. 관심 분야는 정보검색과 의료 정보학, 머신러닝을 이용한 장비 고장 예지다. 석사 때 영상처리를 전공해, 그 후 진로를 바꿔 문헌정보학과로 진학해서 의학서지 링크드 데이터 구축 방법 연구로 박사 과정을 마쳤다.

오픈소스 자바 검색 엔진인 루씬Lucene에 관한 첫 국내서인 『루씬 인 액션』(에이콘, 2005)을 공역했다. 2000년대에는 오픈소스 영상처리 라이브러리를 다룬 실무 도서를 꾸준히 집필했고, 2010년대에는 영상처리와 컴퓨터 비전을 주제로 다수의 번역서를 에이콘출판사에서 펴냈다. 대표 저서와 역서는 『컴퓨터 비전 실무 프로그래밍』(홍릉과학출판사, 2007)과 『SPARQL 배우기』(홍릉과학출판사, 2019)다.

옮긴이의 말

20대 초반이었던 1998년에 매트랩MATLAB을 처음 접했을 때 두툼한 매뉴얼을 보면서 그게 뭐냐고 신기했던 때가 떠오릅니다. 그때는 C/C++의 포인터에 쩔쩔매던 시절이었는데, 커맨드라인에서 스크립트를 작성하고 엔터키만 치면 바로 결과가 나왔기 때문입니다. C/C++로 했다면 한 달간 꼬박 매달려야 했을 작업을 며칠 만에 끝냈으니 대학원 시절의 구세주였습니다. 그 후에 세월이 흐르고 IT 분야도 많이 바뀌고 모든 게 다 변했습니다. 그러던 중에 맷플롯립을 접했지만, 현업과 무관했기에 아쉬움을 뒤로 했습니다. 이 책을 번역할 기회를 얻고 번역을 하게 된 것이 제겐 매트랩과 맷플롯립의 기능을 비교하면서 마냥 풋풋했던 학창 시절의 추억을 더듬어보는 좋은 시간이었습니다.

유명한 파이썬 라이브러리 개발자이자 2012년에 세상을 떠난 존 헌터John Hunter가 2007년부터 오픈소스로 공개한 맷플롯립은, 모두 잘 알고 있듯 2차원 그래프를 구현할 때 쓸 수 있는 데이터 시각화 도구인 파이썬 모듈입니다. http://matplotlib.org에서 맷플롯립 예제와 문서가 공개돼 있으며, 2,000여 페이지에 이르는 방대한 PDF 매뉴얼까지 제공하고 있어 과학 분야에서 폭넓게 활용되는 파이썬 모듈로서 변함없는 사랑을 받고 있습니다.

상용 애플리케이션인 매트랩과 다른 플롯팅 패키지인 그누플롯GNUplot과 비교해봤을 때, 교차 플랫폼을 지원하는 맷플롯립은 파이썬의 장점을 잘 활용했으며, 파이썬 코드만으로 파이썬의 여러 과학 컴퓨팅 패키지와 함께 조합하여 원하는 결과를 얻을 수 있고, 매트랩 같은 도구를 다룬 경험이 있다면 짧은 시간에 익숙해질 만큼 정말로 사용하기 쉽습니다.

맷플롯립을 사용하기 위한 설치부터 다양한 2차원 그래프 생성 및 표시, 파일 저장, 3차원 그래프 표시, 다른 애플리케이션과 통합까지 고르게 다루는 이 책은 기초부터 활용까지 아우르며 예제 코드와 함께 설명합니다. 여기까지는 다른 책과 다를 바 없을까요? 그럴 수도 있고 아닐 수 있습니다. 이 책은 따라 하기 방식이 아니기 때문에, 자신에게 필요한 내용과 코드를 그때마다 찾아볼 수 있으므로 항상 곁에 둘 수 있는 참고서이며, 구현에 걸리는 시간을 절약할 수 있습니다. 어쩌면 처음부터 시작하려는 독자에게는 만만치 않을 수도 있습니다. 하지만, 파이썬을 다룬 경험이 있다는 전제에서 맷플롯립만 중점으로 다루며, 다른 과학 컴퓨팅 패키지에 대한 선수 지식이 필요하지 않습니다. 참고로 맷플롯립을 다룬 PDF 매뉴얼도 있지만 영어인 데다가 2,000여 페이지에 이르기 때문에 한계가 있다는 점을 감안한다면 더 좋은 대안입니다.

사실 지금까지는 맷플롯립을 다룬 책이 거의 없어 적잖은 어려움이 있었기에, 맷플롯립을 전문적으로 다룬 책이 있었으면 얼마나 좋을까라며 아쉬워했던 적이 있었습니다. 그러던 중 이 책을 접했고 번역하고 출간할 수 있게 돼 매우 기쁩니다. 그만큼 파이썬으로 데이터 분석을 위한 그래프를 구현해보려는 독자 여러분에게 이 책이 도움이 되길 바랍니다.

이 책을 번역할 기회를 주신 권성준 사장님과 황영주 상무님, 출간할 수 있게 여러 모로 챙겨주신 담당 편집자이신 공지해님, 그 외 모든 출판사 관계자 여러분에게 감사의 말씀을 드립니다.

이문호

목차

들어가며

맷플롯립matplotlib은 플롯팅을 위한 파이썬 모듈로서, ScientificPython 모듈 모음의 구성요소다. 맷플롯립은 그림의 모든 측면을 사용자 정의하기 위한 종합적인 API로, 전문적인 그림을 쉽게 그리게 해준다. 이 책에서는 그림의 다양한 유형과 요구에 맞도록 그림을 조정하는 방법을 다룬다. 예제는 독립적이며, 자신만의 해결책을 매우 빠르게 구성할 수 있다.

이 책의 구성

1장. 첫걸음은 맷플롯립으로 작업하기 위한 기본을 알아보며, 예제로 기본적인 그림 유형을 살펴본다.

2장. 컬러와 스타일 사용자 정의는 그림의 컬러와 스타일을 제어하는 방법을 다루며, 표식, 선 굵기, 선 패턴, 그림의 여러 항목을 채색하는 컬러맵 사용법을 알아본다.

3장. 주석 사용은 그림에 주석을 다는 방법을 다루며, 축 범례, 화살표, 텍스트 상자, 모양을 추가하는 방법을 알아본다.

4장. 그림 사용은 복잡한 그림을 준비하는 방법을 다루며, 여러 그림 조합, 종횡비, 축 범위, 좌표계를 제어하는 방법을 알아본다.

5장. 파일 출력 처리는 비트맵과 벡터 포맷 중 하나인 파일 출력을 다룬다. 투명도, 해상도, 다중 페이지 같은 주제를 자세하게 알아본다.

6장. 맵 처리는 행렬과 유사한 데이터 플롯팅을 다루며, 맵, 떨림 플롯, 흐름 플롯 처리법을 알아본다.

7장. 3D 그림 사용은 3D 플롯을 다루며, 분산형 플롯, 선 플롯, 표면 플롯, 막대 차트 사용법을 알아본다.

8장. 사용자 인터페이스는 사용자 인터페이스 통합 솔루션 집합을 다루며, 범위는 가장 간단한 것부터 정교한 것까지 차례로 알아본다.

실습에 필요한 프로그램

이 책의 예제는 맷플롯립 1.2와 파이썬 2.7로 작성했다. 대부분의 예제는 넘파이 NumPy와 사이파이SciPy에 의존하며, 일부 예제는 심파이를 요구하는 반면, 몇몇 다른 예제는 라텍스가 필요하다.

이 책의 대상 독자

이 책은 파이썬 개념과 과학 배경이 있는 독자를 대상으로 한다.

이 책의 편집 규약

정보의 종류를 구분하기 위해 여러 가지 텍스트 스타일을 사용했다. 이러한 스타일의 예와 의미는 다음과 같다.

텍스트에서 코드 단어는 다음과 같이 표기한다.

"pyplot.hist() 함수는 빈당 한 차트인 막대 차트를 생성한다."

코드 블록은 다음처럼 표시한다.

```
import numpy as np
import matplotlib.pyplot as plt

X = np.linspace(-4, 4, 1024)
Y = .25 * (X + 4.) * (X + 1.) * (X - 2.)
```

```
plt.title('A polynomial')
plt.plot(X, Y, c = 'k')
plt.show()
```

커맨드라인 입력은 다음처럼 굵게 표시한다.

sudo apt-get install python-matplotlib python-numpy python-scipy python-sympy

 경고나 중요한 노트는 박스 안에 이와 같이 표시한다.

 팁과 트릭은 박스 안에 이와 같이 표현한다.

독자 의견

독자로부터의 피드백은 항상 환영이다. 이 책에 대해 무엇이 좋았는지 또는 좋지 않았는지 소감을 알려주기 바란다. 독자 피드백은 독자에게 필요한 주제를 개발하는 데 매우 중요하다.

일반적인 피드백을 우리에게 보낼 때는 간단하게 feedback@packtpub.com으로 이메일을 보내면 되고, 메시지의 제목에 책 이름을 적으면 된다. 여러분이 전문 지식을 가진 주제가 있고, 책을 내거나 책을 만드는 데 기여하고 싶으면 www.packtpub.com/authors에서 저자 가이드를 참조하기 바란다.

고객 지원

팩트 출판사의 구매자가 된 독자에게 도움이 되는 몇 가지를 제공하고자 한다.

이 책에 사용된 예제 코드 및 컬러 이미지 다운로드

이 책의 예제 코드는 http://www.packtpub.com의 계정을 통해 내려받을 수 있다. 다른 곳에서 구매한 경우에는 http://www.packtpub.com/support를 방문해 등록하면 파일을 이메일로 직접 받을 수 있다. 에이콘출판사의 도서정보 페이지인 http://www.acornpub.co.kr/book/matplotlib으로 이동한 후 도서 이미지 아래에 있는 [파일 다운로드] 버튼을 클릭하면 이 책에 쓰인 예제 코드와 1장에 쓰인 그림의 컬러 이미지를 다운로드할 수 있다.

오탈자

내용을 정확하게 전달하기 위해 최선을 다했지만, 실수가 있을 수 있다. 팩트 출판사의 책에서 코드나 텍스트상의 문제를 발견해서 알려준다면 매우 감사하게 생각할 것이다. 그런 참여를 통해 다른 독자에게 도움을 주고, 다음 버전에서 책을 더 완성도 있게 만들 수 있다. 오자를 발견한다면 http://www.packtpub.com/support를 방문해 이 책을 선택하고, 정오표 제출 양식을 통해 오류 정보를 알려주기 바란다. 보내준 내용이 확인되면 웹사이트에 그 내용이 올라가거나, 해당 서적의 정오표 섹션에 그 내용이 추가될 것이다. http://www.packtpub.com/support에서 해당 타이틀을 선택하면 지금까지의 정오표를 확인할 수 있다. 한국어판은 에이콘출판사 도서정보 페이지 http://www.acornpub.co.kr/book/matplotlib에서 찾아볼 수 있다.

저작권 침해

저작권 침해는 모든 인터넷 매체에서 벌어지고 있는 심각한 문제다. 팩트 출판사에서는 저작권과 라이선스 문제를 아주 심각하게 인식하고 있다. 어떤 형태로든 팩트 출판사 서적의 불법 복제물을 인터넷에서 발견했다면 적절한 조치를 취할 수 있게 해당 주소나 사이트 명을 즉시 알려주길 부탁한다. 의심되는 불법 복제물의 링크를 copyright@packtpub.com으로 보내주기 바란다.

저자와 더 좋은 책을 위한 팩트 출판사의 노력을 배려하는 마음에 깊은 감사의 뜻을 전한다.

질문

이 책에 관련된 질문이 있다면 questions@packtpub.com을 통해 문의하기 바란다. 최선을 다해 질문에 답해 드리겠다. 한국어판에 관한 질문은 이 책의 옮긴이나 에이콘출판사 편집팀(editor@acornpub.co.kr)으로 문의해주길 바란다.

1
첫걸음

1장에서는 다음과 같은 내용을 다룬다.

- 맷플롯립matplotlib 설치
- 곡선 하나 그리기
- 넘파이Numpy 사용
- 다중 곡선 그리기
- 파일 데이터로부터 곡선 그리기
- 점 그리기
- 막대 차트 그리기
- 다중 막대 차트 그리기
- 분할 막대 차트stacked bar chart 그리기
- 양방향 막대 차트back-to-back bar chart 그리기
- 원형 차트 그리기
- 히스토그램 그리기
- 상자그림boxplot 그리기
- 삼각화triangulation 그리기

소개

맷플롯립matplotlib은 체계적인 그림을 매우 간단하게 만들어준다. 맷플롯립이 그래프를 쉽게 그리게 해주는 첫 번째 시도는 아니지만, 사용 용이성과 능력 간의 균형을 유지하는 최신의 해결책을 제시한다. 맷플롯립은 프로그래밍 언어인 파이썬의 모듈이다. 1장에서는 맷플롯립을 어떻게 사용하는지와 맷플롯립의 간략한 개요를 알아본다. 맷플롯립 원리를 소개할 때는 최소한의 예제만을 가지고 설명할 것이다.

맷플롯립 설치

맷플롯립을 사용하기 전에 먼저 설치해야 한다. 맷플롯립을 내려받고 실행하는 데 유용한 몇 가지 팁을 알아보자.

예제 구현

리눅스, 맥 OS X, 윈도우를 사용할 수 있으므로, 세 가지 가능한 시나리오로 알아보겠다.

리눅스

대부분 리눅스 배포판에 기본으로 설치된 파이썬이 들어 있고, 기본 패키지 목록에서 맷플롯립을 제공한다. 따라서 해야 할 일은 배포판의 패키지 관리자를 사용해 맷플롯립을 자동으로 설치하는 것뿐이다. 넘파이NumPy, 사이파이SciPy, 심파이SymPy 설치를 강력하게 권장하며, 서로 함께 동작한다. 다음 목록은 리눅스의 다른 버전에서 사용할 수 있는 기본 패키지를 활성화하는 명령어다.

- **우분투**Ubuntu: 파이썬 2.7용으로 컴파일된 기본 파이썬 패키지다. 명령 터미널에서 다음 명령어를 입력한다.

```
sudo apt-get install python-matplotlib python-numpy python-scipy
python-sympy
```

- **아크리눅스**ArchLinux: 파이썬 3용으로 컴파일된 기본 파이썬 패키지다. 명령 터미널에서 다음 명령어를 입력한다.

```
sudo pacman -S python-matplotlib python-numpy python-scipy pythonsympy
```

파이썬 2.7 사용을 선호한다면, 패키지 이름인 python을 python2로 바꾼다.

- **페도라**Fedora: 파이썬 2.7용으로 컴파일된 기본 파이썬 패키지다. 명령 터미널에서 다음 명령어를 입력한다.

```
sudo yum install python-matplotlib numpy scipy sympy
```

 기본 파이썬 패키지를 설치하는 다른 방법이 있지만, 1장에서는 가장 간단하고 완벽한 설치 방법을 제안한다.

윈도우와 맥 OS X

윈도우와 맥 OS X에서는 소프트웨어 설치용 표준 패키지가 없다.[1] 기성ready-made 자체 설치 패키지를 사용하거나 소스 코드로부터 맷플롯립을 컴파일하는 두 가지 선택 사항이 있다. 두 번째 선택 사항은 훨씬 더 많은 작업을 수반하지만, 맷플롯립의 최근 버전을 받아 설치하는 노력을 할 만한 충분한 가치가 있다. 따라서 기성 패키지를 사용하는 것은 훨씬 현명한 선택이다.

아나콘다Anaconda, 엔토우 캐노피Enthough Canopy, 알고레테 루피Algorete Loopy 등 기성 패키지를 몇 가지 선택할 수 있다. 이 모든 패키지는 파이썬, 사이파이, 넘파이, 맷플롯립과 더 많은 것(텍스트 편집기와 멋진 대화형 셸)을 한꺼번에 제공한다. 사실 모든 이런 시스템은 자체 패키지 관리자를 설치한 후, 일반 리눅스 패키지에서 했던 그대로 추가 패키지를 설치하고 삭제한다. 간결하게 진행할 수 있도록 엔토우 캐노피 전용 지침도 제공한다. 다른 모든 시스템 역시 많은 문서를 온라인에서 제공하므로, 설치하는 데 큰 문제될 것이 없다.

---

1 2014년 12월의 최신 버전인 OS X 10.1.1(요세미테)에서는 파이썬 2.7용 기본 파이썬 패키지가 이미 깔려 있기 때문에, 특별히 설정할 필요가 없다. – 옮긴이

다음 단계를 수행해서 엔토우 캐노피를 설치해보자.

1. 엔토우 캐노피 설치판을 https://www.enthought.com/products/canopy에서 내려받는다. 무료 익스프레스 버전을 선택할 수 있다. 이 웹사이트는 운영 시스템을 추측해 올바른 설치판을 제안할 수 있다.

2. 앤토우 캐노피 설치판을 실행한다. 다른 사용자와 설치한 소프트웨어를 공유하고 싶지 않다면, 관리자로 설치할 필요가 없다.

3. 설치하는 과정에서 기본값을 유지하는 **Next**만 클릭한다. 설치 과정에 관한 추가 정보는 http://docs.enthought.com/canopy/quick-start.html에서 찾을 수 있다.

다 끝났다! 설치했던 파이썬 2.7, 넘파이, 사이파이, 맷플롯립을 실행할 준비가 되었다.

곡선 하나 그리기

플롯팅 소프트웨어plotting software용 Hello World! 첫 예제는 종종 간단한 곡선을 보여주곤 하는데, 우리도 이 예제를 만들어보자. 또한 맷플롯립으로 어떻게 작업하는지에 관한 대략적인 개념도 알아본다.

준비		

파이썬(v2.7과 v3 중 하나)과 설치된 맷플롯립이 필요하다. 또한 텍스트 편집기(텍스트 편집기로 할 수 있는 아무거나)와 명령어를 입력하고 실행하는 명령 터미널이 필요하다.

모든 플롯팅 소프트웨어가 제공하는, 가장 일반이적이면서 기본인 그래프 중 하나인 곡선curve으로 시작해보자. plot.py로 저장한 텍스트 파일의 코드는 다음과 같다.

```python
import matplotlib.pyplot as plt

X = range(100)
Y = [value ** 2 for value in X]

plt.plot(X, Y)
plt.show()
```

 예제 코드 내려받기

http://www.packtpub.com의 계정을 통해 이 책의 예제 코드 파일을 내려받을 수 있다. 다른 곳에서 구매한 경우에는 http://www.PacktPub.com/support를 방문해 등록하면 파일을 이메일로 직접 받을 수 있다. 에이콘출판사의 도서정보 페이지인 http://www.acornpub.co.kr/book/matplotlib에서도 예제 코드를 내려받을 수 있다.

파이썬과 맷플롯립을 설치했다고 가정하자. 이 스크립트를 해석하는 파이썬을 지금 사용할 수 있다. 파이썬에 친숙하지 않더라도 다음 스크립트를 보면서 천천히 알아가자. 명령 터미널에서 plot.py로 저장했던 곳인 디렉토리에서 다음 명령어로 이 스크립트를 실행한다.

```
python plot.py
```

이렇게 하면 다음 그림과 같이 창이 열린다.

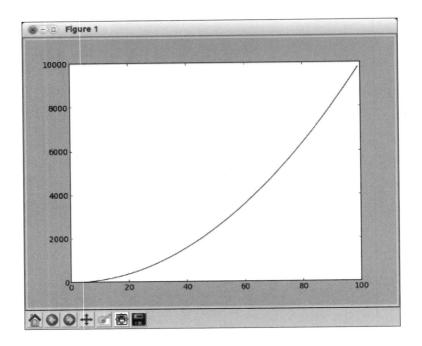

이 창은 x가 [0, 99] 범위에 있는 곡선 $Y = X ** 2$을 보여준다. 이미 봐서 알겠지만, 창에 여러 아이콘이 있으며, 이 중 일부는 다음과 같다.

- ▨: 그래프를 그림 파일로 저장할 수 있는 대화상자를 연다. 그래프를 비트맵 그림이나 벡터 그림으로 저장할 수 있다.

- ✛: 그래프를 이동하고 크기를 조정할 수 있다. 클릭한 후, 그래프 위에서 마우스를 움직인다. 마우스의 왼쪽 버튼으로 클릭한 후 마우스를 움직여 그래프를 이동한다. 마우스의 오른쪽 버튼을 클릭해 그래프의 크기를 수정한다.

- ⌂: 그래프를 초기 상태로 복원하며, 전에 적용했던 어떠한 이동이나 크기 조정을 취소한다.

아직 파이썬에 아주 친숙하지 않다고 가정하고, 앞 절에서 봤던 스크립트를 분석해보자.

첫 번째 줄은 파이썬에게 matplotlib.pyplot을 사용함을 말해준다. 입력을 조금이라도 줄이기 위해 matplotlib.pyplot과 동일한 plt 이름을 만든다. 맷플롯립 코드에서 볼 수 있는 매우 일반적인 관례다.

두 번째 줄은 0부터 99까지의 모든 정수 값이 있는, X로 명명한 리스트를 생성한다. 연속적인 숫자를 생성할 때 범위 함수를 사용한다. 대화형 파이썬 인터프리터를 실행한 후, 파이썬 2를 사용한다면 명령어 range(100)을 입력하거나, 혹은 파이썬 3을 사용한다면 명령어인 list(range(100))을 입력할 수 있다. 두 버전에서 sum(range(100))은 0부터 99까지의 정수 합을 계산한다.

세 번째 줄은 리스트 X의 모든 값을 제곱한, Y로 명명한 리스트를 생성한다. 다른 리스트의 각 멤버에 함수를 적용해 새로운 리스트를 구성함은 리스트 조건 제시법 list comprehension으로 명명한 파이썬 이디엄idiom이다. 리스트 Y는 동일한 순서로 리스트 X의 제곱한 값을 포함한다. 따라서 Y는 0, 1, 4, 9, 16, 25 등이 들어 있다.

네 번째 줄은 리스트 X에서 주어진 곡선 점의 x 좌표와 리스트 Y에서 주어진 곡선 점의 y 좌표가 있는 곡선을 그린다. 리스트의 이름을 원하는 대로 정할 수 있음에 주목하자.

마지막 줄은 스크립트를 실행하는 동안 이 창에서 볼 수 있는 결과를 보여준다.

지금까지 살펴본 내용이 어떤가? 그누플롯gnuplot 같은 플롯팅 패키지와 달리, 맷플롯립은 그리기 목적에 특화된 명령 인터프리터가 아니다. 매트랩과 달리 맷플롯립은 그리기 위한 통합 환경도 아니다. 맷플롯립은 그리기 위한 파이썬 모듈이다. 파이썬 스크립트로 수치를 기술하며, 맷플롯립이 제공하는 (꽤 많은) 함수 집합에 의존한다.

이와 같이 맷플롯립에 숨겨진 철학은 기존 언어인 파이썬의 장점을 취함에 있다. 이유는 파이썬이 완벽하고, 잘 설계했고, 범용 프로그래밍 언어이기 때문이다. 맷플롯립과 다른 패키지 조합은 꼼수와 핵hack을[2] 요구하지 않으며, 그냥 파이썬 코드다. 아주 많은 작업을 하기 위한 파이썬용 다양한 패키지가 있기 때문이다. 예로 데이터베이스에 저장한 데이터를 그리려면, 데이터를 읽고 맷플롯립으로 내보내는 데이터베이스 패키지를 사용한다. 통계 그래프를 일괄 배치로 생성하려면, 사이파이와 파이썬의 I/O 모듈 같은 과학 컴퓨팅 패키지를 사용한다.

따라서 많은 플롯팅 패키지와 달리 맷플롯립은 그리는 것과 그리기 전용에 있어 정말로 관계가 없다. 파일로부터 입력을 읽고 싶거나 또는 간단한 중간 계산을 수행하고 싶다면, 그렇게 하도록 파이썬 모듈과 몇 가지 접착 코드glue code를 사용해야 한다. 다행히도 파이썬은 매우 인기 있는 언어이고, 완전히 익히기 쉬우며 사용자가 아주 많다. 이 방식이 강력함을 조금씩 보여주겠다.

넘파이 사용

넘파이는 맷플롯립을 사용할 필요가 없다. 하지만 많은 맷플롯립 트릭, 코드 예제와 예시는 넘파이를 이용한다. 넘파이 사용법을 간략하게 소개해 이유를 보여주겠다.

준비		

파이썬과 맷플롯립을 설치하는 과정에서 넘파이도 설치했다. 텍스트 편집기와 명령 터미널도 있다.

---

2 핵은 프로그램을 불법적으로 고쳐 바꾸는 일을 의미한다. – 옮긴이

다른 곡선인 sin(x)을 [0, 2 * pi] 주기의 x로 그려보자. 앞 스크립트와 유일한 차이점은 점 좌표를 생성하는 부분이다. 다음 스크립트를 입력하고 sin-1.py로 저장한다.

```
import math
import matplotlib.pyplot as plt

T = range(100)
X = [(2 * math.pi * t) / len(T) for t in T]
Y = [math.sin(value) for value in X]

plt.plot(X, Y)
plt.show()
```

그러면 다음 스크립트를 입력하고 sin-2.py로 저장한다.

```
import numpy as np
import matplotlib.pyplot as plt

X = np.linspace(0, 2 * np.pi, 100)
Y = np.sin(X)

plt.plot(X, Y)
plt.show()
```

sin-1.py나 sin-2.py 중 하나를 실행하면 다음과 같은 그래프를 정확하게 보여준다.

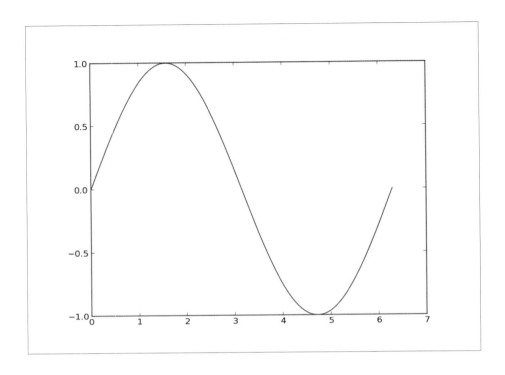

첫 번째 스크립트인 sin-1.py는 파이썬 표준 라이브러리만 사용해 사인 곡선 좌표를 생성한다. 다음 사항은 앞 절의 스크립트에서 수행했던 단계다.

1. 100개의 점으로 곡선을 그리는 0부터 99까지의 숫자인 리스트 T를 생성한다.

2. x가 0부터 2파이(내장 함수인 range()만 정수 값 생성 가능함)에 있도록 T에 저장한 값을 간단하게 재조정해 x 좌표를 계산했다.

3. 첫 예제에서 했던 그대로, y 좌표를 생성했다.

두 번째 스크립트인 sin-2.py는 sin-1.py와 정확하게 같은 작업을 수행하며, 결과는 동일하다. 다만 sin-2.py는 넘파이 패키지를 사용했기 때문에 약간 짧고 읽기가 더 쉽다.

넘파이는 과학 컴퓨팅용 파이썬 패키지이다. 맷플롯립은 넘파이 없이 작업할 수 있지만, 넘파이와 함께 사용하면 많은 시간과 수고를 덜어준다. 넘파이 패키지는 강력한 다차원 배열과 조작하기 위한 수많은 함수를 제공한다.

넘파이 패키지

sin-2.py에서 X 리스트는 지금 0과 2파이 간의 100개의 균등한 1차원 넘파이 배열이다. 이것은 함수 numpy.linspace를 사용하는 목적이며, sin-1.py에서 했던 계산보다 확실히 더 편리하다. 또한 Y 리스트는 X 좌표로부터 계산했던 모든 값이 있는 1차원 넘파이 배열다. 단일 값에서 했던 그대로 넘파이 함수는 전체 배열에서 동작한다. 다시 말하자면, sin-1.py에서 했던 것처럼 명시적으로 1대1로 각 값을 계산할 필요가 없다. 순수 파이썬 버전에 비해 여전히 짧고 코드를 읽을 수 있다.

부연 설명

넘파이는 한번에 전체 배열에서 연산을 수행하며, 곡선 좌표를 생성할 때 많은 작업을 줄인다. 더욱이 넘파이를 사용하면, 동일한 순수 파이썬에 비해 훨씬 더 빠른 코드로 만들 수 있다. 읽기 쉽고 코드도 더 빠르다. 도대체 이유가 무엇일까? 다음은 200개의 점을 이용해 [-3 2] 간격의 이항식 x^2 - 2x + 1을 그리는 예제다.

```python
import numpy as np
import matplotlib.pyplot as plt

X = np.linspace(-3, 2, 200)
Y = X ** 2 - 2 * X + 1.

plt.plot(X, Y)
plt.show()
```

앞 스크립트를 실행하면 결과를 다음과 같은 그래프로 보여준다.

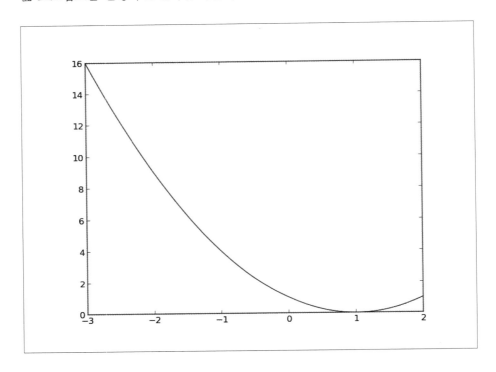

다시 말하자면, 순수 파이썬으로 그릴 수 있었지만, 읽기가 쉽지 않다. 맷플롯립은 넘파이 없이 사용할 수 있긴 하지만, 둘을 같이 사용하면 그 기능이 강력하다.

다중 곡선 그리기

곡선을 그리는 이유 중 하나는 곡선을 비교하는 것이다. 곡선이 일치하는가? 곡선이 어디에서 일치하는가? 곡선이 어디에서 일치하지 않은가? 곡선 간의 상관관계가 있는가? 그래프는 더 철저한 조사를 하기 위해 빠른 판단을 내릴 때 도움을 줄 수 있다.

다음과 같이 [0, 2 * pi] 간격의 sin(x)과 cos(x)을 둘 다 보여주자.

```
import numpy as np
import matplotlib.pyplot as plt

X = np.linspace(0, 2 * np.pi, 100)
Ya = np.sin(X)
Yb = np.cos(X)

plt.plot(X, Ya)
plt.plot(X, Yb)
plt.show()
```

앞 스크립트는 결과를 다음과 같은 그래프로 보여준다.

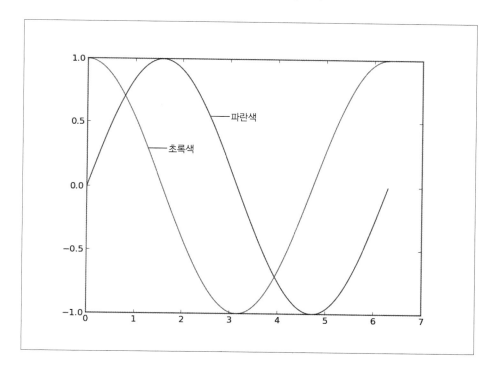

맷플롯립이 두 곡선을 자동으로 찾아내 서로 다른 컬러로 보여준다. 한 곡선에는 `plt.plot()` 함수를 사용했으며, 그 다음에는 `plot.plot()`을 두 번째로 호출했다. 다만 `plt.show()` 함수는 여전히 한 번만 호출했다. calls `plt.plot(X, Xa)` 와 `plt.plot(X, Yb)` 함수는 의도적인 선언으로 보일 수 있다. 각각 별개 곡선인 점집합 두 개를 연결하길 원한다.

맷플롯립은 단순히 의도를 유지하지만, 여전히 아무것도 그리지 않았다. 아무튼 `plt.show()`는 지금까지 설명했던 그리고 싶은 곡선을 보여주라는 신호를 보낸다.

지연 렌더링deferred rendering 메커니즘은 맷플롯립의 핵심이다. 만들 것을 선언할 수 있으며, 이에 맞춰준다. `plt.show()`를 호출할 때만 그래프를 렌더링한다. 이를 입증하기 위해 벨 모양 곡선과 각 점의 곡선 기울기를 렌더링하는 다음 스크립트를 살펴보자.

```python
import numpy as np
import matplotlib.pyplot as plt

def plot_slope(X, Y):
  Xs = X[1:] - X[:-1]
  Ys = Y[1:] - Y[:-1]
  plt.plot(X[1:], Ys / Xs)

X = np.linspace(-3, 3, 100)
Y = np.exp(-X ** 2)

plt.plot(X, Y)
plot_slope(X, Y)
plt.show()
```

앞 스크립트는 다음과 같은 그래프를 생성한다.

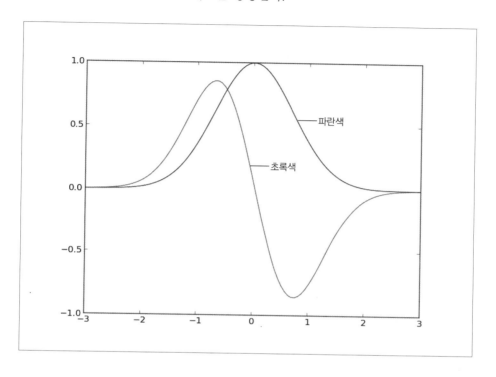

호출한 함수 중 하나인 plt.plot()은 plot_slope 함수 내부에서 수행했으며, plt.plot()은 단순히 렌더링할 것을 선언한 만큼 렌더링에 아무런 영향을 주지 않으며, 아직까지는 렌더링을 실행하지 않는다. 많은 곡선이 있는 복잡한 그래프에 대한 스크립트를 작성할 때 매우 유용하다. 그래프를 구성하기 위해 프로그래밍 언어의 모든 특징인 반복문, 함수 호출 등을 적절하게 사용할 수 있다.

파일 데이터로부터 곡선 그리기

이미 설명했던 그대로, 맷플롯립은 그리기만 다룬다. 파일에 저장한 데이터를 그리고 싶다면, 파일을 읽어 필요한 데이터를 추출하는 파이썬 코드를 사용해야 한다.

예제 구현

이름이 my_data.txt인 평문 텍스트 파일에 다음과 같이 시계열time series을 저장했다고 가정하자.

```
0  0
1  1
2  4
4 16
5 25
6 36
```

데이터를 읽고 그리는 최소한의 순수 파이썬 방법은 다음과 같다.

```python
import matplotlib.pyplot as plt

X, Y = [], []
for line in open('my_data.txt', 'r'):
  values = [float(s) for s in line.split()]
  X.append(values[0])
  Y.append(values[1])

plt.plot(X, Y)
plt.show()
```

my_data.txt에 저장된 데이터와 함께 한 이 스크립트는 다음과 같은 그래프를 만든다.

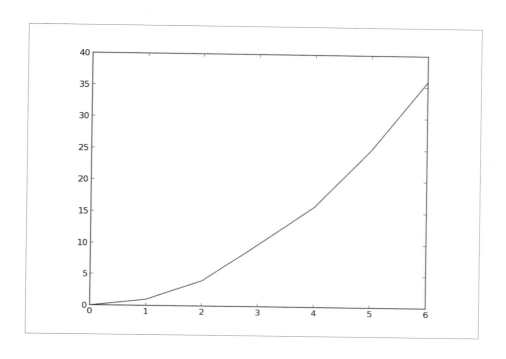

예제 분석

다음은 앞 스크립트가 어떻게 작동했는지에 관한 몇 가지 설명이다.

- X, Y = [], [] 줄은 X와 Y의 좌표 리스트를 빈 리스트로 초기화한다.

- for line in open('my_data.txt', 'r') 줄은 텍스트 파일인 my_data.txt 의 각 줄을 반복하는 반복문을 정의한다. 각 반복에서 텍스트 파일로부터 추출 한 현재 줄을 변수인 line에 문자열로 저장한다.

- values = [float(s) for s in line.split()] 줄은 토큰 문자열을 만들기 위해 현재 줄을 빈 문자 부근에서 분할한다. 그 다음에는 이 토큰을 부동 소수 점 값으로 해석한다. 그 값을 리스트인 values에 저장한다.

- 그러면, 다음 두 줄인 X.append(values[0])과 Y.append(values[1])에서 values에 저장한 값을 리스트 X와 Y에 덧붙인다.

다음과 같이 텍스트 파일을 읽는 한 줄은 파이썬에 더 친숙해서 미소를 머금게 할 수 있다.

```
import matplotlib.pyplot as plt

with open('my_data.txt', 'r') as f:
  X, Y = zip(*[[float(s) for s in line.split()] for line in f])

plt.plot(X, Y)
plt.show()
```

부연 설명

데이터를 가져오는 코드에서 정밀 검사나 오류 처리를 진행하지 않음을 주목하라. 아무튼 훌륭한 프로그래머는 게으른 프로그래머임이 기억날 것이다. 사실 넘파이 는 종종 맷플롯립을 함께 쓰는데, 여기선 왜 사용하지 않았을까? 넘파이를 활성화 하는 다음 스크립트를 실행한다.

```
import numpy as np
import matplotlib.pyplot as plt

data = np.loadtxt('my_data.txt')

plt.plot(data[:,0], data[:,1])
plt.show()
```

앞 절에서 보여준 한 줄만큼 짧지만, 여전히 읽기 쉽고, 순수 파이썬 코드로 다룰 수 없는 많은 오류 상황을 처리한다. 다음 사항은 앞 스크립트를 설명한다.

- numpy.loadtxt() 함수는 텍스트 파일을 읽은 후 2D 배열을 반환한다. 넘파이 를 이용한 2차원 배열은 리스트의 리스트가 아니며, 사실은 완벽한 행렬이다.

- data 변수는 넘파이 2차원 배열로서 1차원 배열과 마찬가지로 행렬의 행과 열 을 조작할 수 있는 장점을 제공한다. 사실 plt.plot(data[:,0], data[:,1])

에서 x 좌표인 데이터의 첫 열과 y 좌표인 데이터의 두 번째 열을 제시한다. 이 표기법은 넘파이에만 한정한다.

코드를 짧고 더 단순하게 만들 때 넘파이를 이용하면 추가적인 장점을 얻을 수 있다. 대용량 파일인 경우, 넘파이를 사용하면 현저하게 빨라지며(넘파이 모듈을 대부분 C로 작성함), 또한 넘파이 배열인 전체 데이터 집합을 저장할 때 메모리를 절약할 수 있다. 끝으로 넘파이 사용 시 많은 수고를 할 필요 없이 수치 데이터용 다른 범용 파일 포맷(CVS와 매트랩)을 지원할 수 있다.

지금까지 봤던 모든 것을 설명한 방법 그대로, 다음 작업을 고려해보자. 파일에 N-1개 곡선을 기술하는 값의 N 열이 들어 있다. 첫 번째 열은 x 좌표를 포함하고, 두 번째 열은 첫 번째 곡선의 y 좌표를 포함하고. 세 번째 열은 두 번째 곡선의 y 좌표 등을 포함한다. N-1개 곡선을 표시하고 싶다. 다음과 같은 코드를 이용해서 수행한다.

```
import numpy as np
import matplotlib.pyplot as plt

data = np.loadtxt('my_data.txt')
for column in data.T:
  plt.plot(data[:,0], column)

plt.show()
```

my_data.txt 파일은 다음 내용을 포함해야 한다.

```
0   0   6
1   1   5
2   4   4
4  16   3
5  25   2
6  36   1
```

그러면 다음과 같은 그래프를 얻는다.

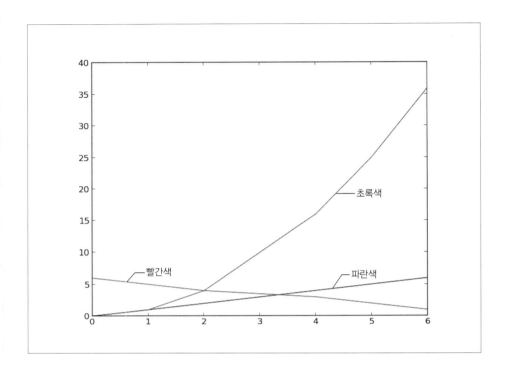

적은 노력으로 작업을 수행했다. 넘파이 표기법에서 data.T는 2차원 배열 데이터의 전치이며, 행은 열로 보고, 열을 행으로 간주한다. 게다가 for row in data로 해서 다차원 배열의 열을 순회할 수 있다. 또한 for column in data.T로 하면 배열의 열을 순회한다. 코드 몇 줄만으로 매우 일반적인 그리기 생성 스크립트를 갖는다.

점 그리기

곡선을 표시할 때 데이터가 시계열이므로 한 점이 다른 점을 따라감을 암시적으로 가정한다. 물론 항상 이런 경우는 아니다. 데이터의 한 점은 다른 점과 독립일 수 있다. 이런 데이터를 표현하는 단순한 방법은 서로 연결하지 않은 점을 간단하게 보여줌에 있다.

다음 스크립트는 [0, 1] 간격에서 무작위로 그려진 좌표를 갖는 1024개의 점을 표시한다.

```
import numpy as np
import matplotlib.pyplot as plt

data = np.random.rand(1024, 2)

plt.scatter(data[:,0], data[:,1])
plt.show()
```

앞 스크립트는 다음과 같은 그래프를 만든다.

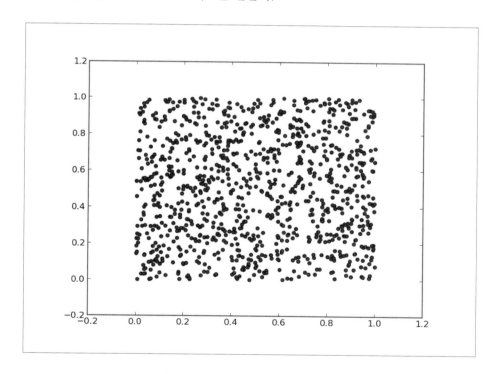

`plt.scatter()` 함수는 `plt.plot()`과 똑같이 작동하며, 점의 x와 y 좌표를 입력 파라미터로 취한다. 다만 각 점을 한 표식으로 간단하게 보여준다. 이런 단순함에 속지 말자. `plt.scatter()`는 복잡다단한 명령어다. 많은 부가적인 파라미터로 실행하므로, 수많은 다른 효과를 만들 수 있다. 2장과 3장에서 `plt.scatter()`를 다루겠다.

막대 차트 그리기

막대 차트는 플롯팅 패키지의 일반적인 주요 부분이다. 심지어 맷플롯립에도 막대 차트가 있다.

막대 차트 전용 함수는 `pyplot.bar()`이다. 다음 스크립트를 실행해 이 함수를 활성화한다.

```
import matplotlib.pyplot as plt

data = [5., 25., 50., 20.]

plt.bar(range(len(data)), data)
plt.show()
```

앞 스크립트는 다음과 같은 그래프를 만든다.

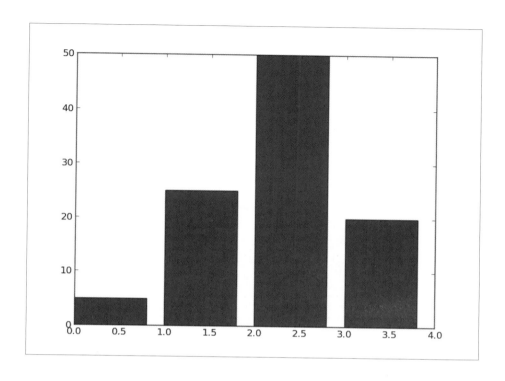

리스트 데이터의 각 값마다 수직 막대 하나를 보여준다. `pyplot.bar()` 함수는 두 인자인 각 막대의 x 좌표와 각 막대의 높이를 받는다. 여기서 각 막대마다 좌표인 0, 1, 2 등을 사용하며, `range(len(data))`의 역할이다.

부연 설명

선택적인 파라미터를 통해 `pyplot.bar()`는 막대의 굵기를 제어할 수 있는 방법을 제공한다. 게다가 `pyplot.bar()`의 쌍둥이 동생을 사용해 수평 막대를 얻을 수도 있는데, 바로 `pyplot.barh()`이다.

막대의 굵기

기본적으로 막대는 0.8의 굵기 단위를 갖는다. 각 단위 길이에서 막대를 넣기 때문에 막대 사이의 간격은 0.2이다. 물론 굵기 파라미터로 조정할 수 있다. 1로 설정한 예를 든다.

```
import matplotlib.pyplot as plt

data = [5., 25., 50., 20.]

plt.bar(range(len(data)), data, width = 1.)
plt.show()
```

최소화한 앞 스크립트는 다음과 같은 그래프를 만든다.

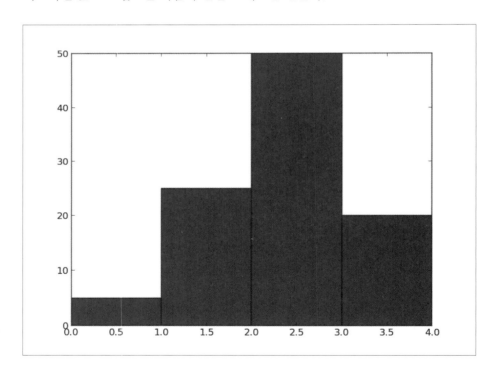

이제는 막대 사이에 간격이 없다. 맷플롯립 막대 차트 함수인 `pyplot.bar()`는 막대의 위치와 굵기를 제어하지 않는다. 프로그래머가 담당한다. 이런 유연함으로 인해 막대 차트의 많은 변종을 만들 수 있다.

수평 막대

수평 막대를 넣겠다면 `barh()` 함수를 사용한다. 엄밀하게는 수직 막대 대신에 수평을 준다는 점을 빼고는 `bar()`와 동일하다.

```
import matplotlib.pyplot as plt

data = [5., 25., 50., 20.]

plt.barh(range(len(data)), data)
plt.show()
```

앞 스크립트는 다음과 같은 그래프를 만든다.

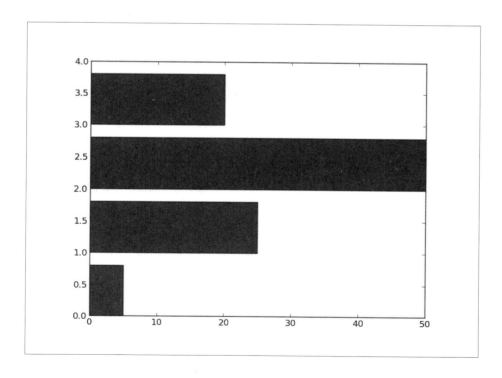

다중 막대 차트 그리기

여러 수량을 비교하고 한 변수를 변경할 때, 한 정량 값에 대한 컬러 막대가 하나 있는 막대 차트를 원할 수 있다.

다음과 같이 막대의 굵기와 위치를 조정해 다중 막대 차트를 그릴 수 있다.

```python
import numpy as np
import matplotlib.pyplot as plt

data = [[5., 25., 50., 20.],
  [4., 23., 51., 17.],
  [6., 22., 52., 19.]]

X = np.arange(4)
plt.bar(X + 0.00, data[0], color = 'b', width = 0.25)
plt.bar(X + 0.25, data[1], color = 'g', width = 0.25)
plt.bar(X + 0.50, data[2], color = 'r', width = 0.25)

plt.show()
```

앞 스크립트는 다음과 같은 그래프를 만든다.

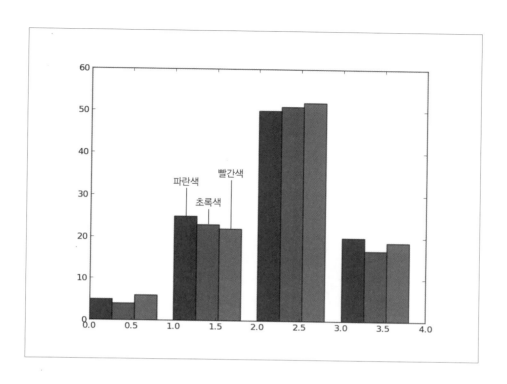

예제 분석

data 변수에 네 가지 값의 세 계열이 들어 있다. 앞 스크립트는 네 가지 막대의 세 막대 차트를 보여준다. 막대는 0.25 단위의 굵기를 갖는다. 이전 막대 차트에서 각 막대 차트를 0.25 단위로 이동했다. 컬러에 선명도를 추가했다. 이 주제를 2장에서 상세하게 설명한다.

앞 절에서 보여준 코드는 꽤 지루한데, 세 막대 차트를 일일이 반복해서 이동하기 때문이다. 다음 코드를 사용해 이 작업을 더 낫게 수행할 수 있다.

```
import numpy as np
import matplotlib.pyplot as plt

data = [[5., 25., 50., 20.],
  [4., 23., 51., 17.],
  [6., 22., 52., 19.]]

color_list = ['b', 'g', 'r']
gap = .8 / len(data)
for i, row in enumerate(data):
  X = np.arange(len(row))
  plt.bar(X + i * gap, row,
    width = gap,
    color = color_list[i % len(color_list)])

plt.show()
```

여기서, 반복문인 for 1, row in enumerate(data)로 데이터의 각 행을 순회한다. 반복자인 enumerate는 현재 행과 해당 첨자를 둘 다 반환한다. 한 막대 차트마다 각 막대의 위치를 생성할 때는 리스트 조건 제시법으로 수행한다. 이 스크립트는 이전 스크립트와 동일한 결과를 만들지만, 데이터의 행이나 열을 추가할 경우에는 아무런 변경을 요구하지 않는다.

분할 막대 차트 그리기

pyplot.bar() 함수에 특정 파라미터를 사용한다면 분할 막대 차트는 물론 가능하다.

다음 스크립트는 서로 다른 막대 차트를 두 개로 분할한다.

```
import matplotlib.pyplot as plt

A = [5., 30., 45., 22.]
B = [5., 25., 50., 20.]

X = range(4)

plt.bar(X, A, color = 'b')
plt.bar(X, B, color = 'r', bottom = A)
plt.show()
```

앞 스크립트는 다음과 같은 그래프를 만든다.

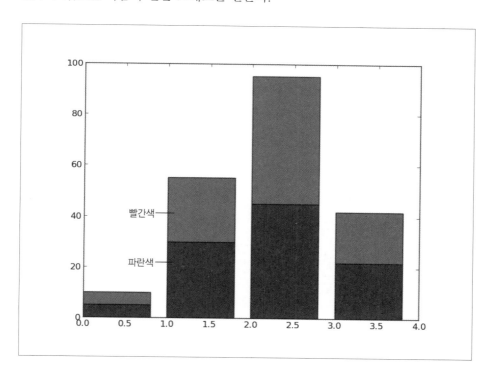

`pyplot.bar()` 함수의 선택적인 bottom 파라미터는 막대의 시작 값 설정을 허용한다. 0부터 해당 값까지 잇는 대신에 bottom부터 해당 값까지 잇는다. 처음에 `pyplot.bar()`를 호출하면 파란 막대를 그린다. `pyplot.bar()`를 두 번째 호출하면 파란 막대의 윗 부분에 있는 빨간 막대의 하단에서 빨간 막대를 그린다.

값을 두 집합 이상으로 분할한다면, 코드는 다음처럼 그다지 예쁘지 않다.

```
import numpy as np
import matplotlib.pyplot as plt

A = np.array([5., 30., 45., 22.])
B = np.array([5., 25., 50., 20.])
C = np.array([1., 2., 1., 1.])
X = np.arange(4)

plt.bar(X, A, color = 'b')
plt.bar(X, B, color = 'g', bottom = A)
plt.bar(X, C, color = 'r', bottom = A + B)

plt.show()
```

세 번째 막대 차트 경우, A + B를 하단 값으로 계산해야 하며, A와 B의 계수 별 합이다. 넘파이를 사용하면 간결하지만 읽을 수 있는 코드를 유지할 때 도움이 된다. 하지만 이 코드는 세 분할 막대 차트 경우 분명히 반복해 작동한다. 다음 코드를 사용해 더 좋게 할 수 있다.

```
import numpy as np
import matplotlib.pyplot as plt

data = np.array([[5., 30., 45., 22.],
    [5., 25., 50., 20.],
```

```
    [1., 2., 1., 1.]])

color_list = ['b', 'g', 'r']
X = np.arange(data.shape[1])
for i in range(data.shape[0]):
  plt.bar(X, data[i],
    bottom = np.sum(data[:i], axis = 0),
    color = color_list[i % len(color_list)])

plt.show()
```

여기서, 데이터를 넘파이 배열로 저장하며, 막대 차트당 한 행이다. 데이터의 각 행을 순회한다. i번째 행일 경우, i번째 행 이전에 bottom 파라미터는 모든 행의 합을 받는다. 스크립트를 이런 방식으로 작성하면, 입력 데이터를 변경할 때 최소한의 노력으로 원하는 만큼의 많은 막대 차트를 분할할 수 있다.

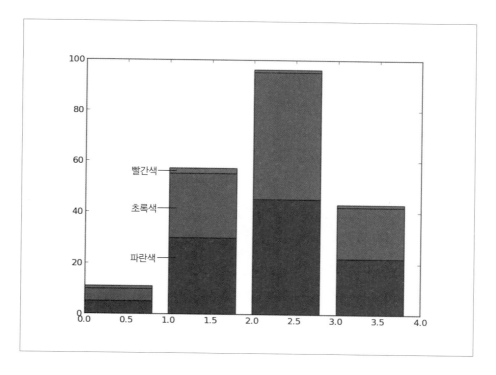

양방향 막대 차트 그리기

단순하지만 유용한 트릭은 두 막대 차트를 동시에 양방향으로 표시함에 있다. 인구의 연령 피라미드에서 서로 다른 연령 범위의 인구 수를 보여줌을 고려하자. 왼쪽에 남성 인구를 보여주고, 오른쪽에 여성 인구를 보여준다.

예제 구현

이 생각은 두 막대 차트를 가짐에 있는데, 간단한 트릭 사용 즉, 한 막대의 길이/높이를 음수로 변경할 수 있다!

```
import numpy as np
import matplotlib.pyplot as plt

women_pop = np.array([5., 30., 45., 22.])
men_pop   = np.array( [5., 25., 50., 20.])
X = np.arange(4)

plt.barh(X, women_pop, color = 'r')
plt.barh(X, -men_pop, color = 'b')
plt.show()
```

앞 스크립트는 다음과 같은 그래프를 만든다.

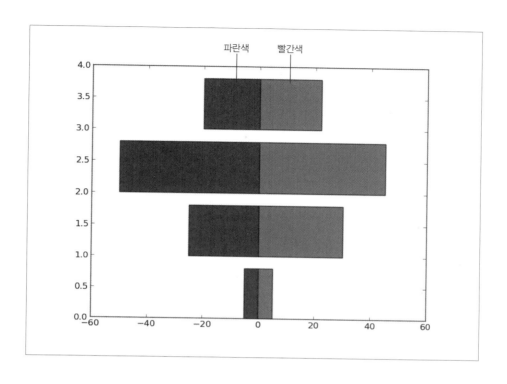

파란색　빨간색

예제 분석

여성 인구의 막대 차트(빨간색)를 평소처럼 그린다. 하지만 남성 인구의 막대 차트(파란색)은 자체 막대를 오른쪽 대신에 왼쪽으로 펼친다. 사실, 파란 막대의 막대 길이는 음수 값이다. 입력 값을 편집하는 대신에 남성 인구 막대 차트의 값을 음수로 바꾸는 리스트 조건 제시법을 사용한다.

원형 차트 그리기

수량의 상대적인 중요성을 비교할 때 옛날 원형만큼 좋은 것이 없으며, 즉 원형 차트다.

원형을 그리는 전용 함수인 pyplot.pie()는 그런 일을 한다. 다음 코드에서 이 함수를 사용한다.

```
import matplotlib.pyplot as plt

data = [5, 25, 50, 20]

plt.pie(data)
plt.show()
```

앞의 간단한 스크립트는 다음과 같이 원형 다이어그램을 표시한다.

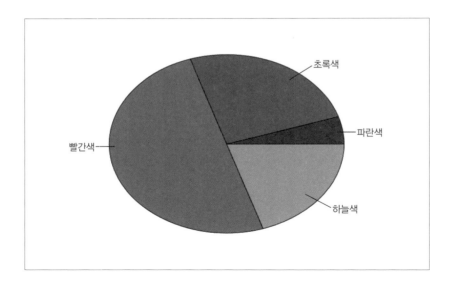

`pyplot.pie()` 함수는 단순히 값 리스트를 입력으로 취한다. 입력 데이터가 리스트임에 주목하라. 넘파이 배열일 수 있다. 합이 1이나 100이 되도록 데이터를 조정할 필요가 없다. 단지 맷플롯립에 값을 제공하면, 원형 차트의 상대적인 영역을 자동으로 계산한다.

히스토그램 그리기

히스토그램은 확률 분포의 그래픽 표현이다. 사실 히스토그램은 단지 막대 차트의 특수한 종류이다. 맷플롯립의 막대 차트 함수를 쉽게 사용할 수 있고, 히스토그램을 생성하기 위해 일부 통계를 수행한다. 아무튼 히스토그램은 아주 유용하며 맷플롯립은 히스토그램을 위한 함수를 제공한다. 이번 예제에서 히스토그램 함수를 사용하는 방법을 보여준다.

다음 스크립트는 정규 분포의 100개 값을 그린 후, 20개의 빈이 있는 히스토그램을 생성한다.

```
import numpy as np
import matplotlib.pyplot as plt

X = np.random.randn(1000)

plt.hist(X, bins = 20)
plt.show()
```

이 히스토그램은 스크립트를 실행할 때마다 데이터 집합을 무작위로 생성하므로 약간 바뀐다. 앞 스크립트는 다음과 같은 그래프를 표시한다.

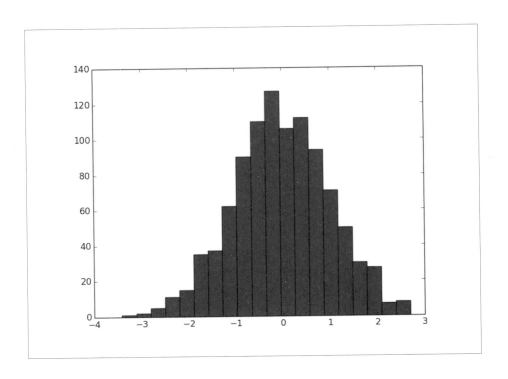

pyplot.hist() 함수는 값 리스트를 입력으로 취한다. 값 범위를 같은 크기의 빈으로 나눈다(기본은 10개의 빈). pyplot.hist() 함수는 빈당 한 차트인 막대 차트를 생성한다. 한 막대의 높이는 빈에 대응하는 값의 개수에 따른다. 선택적 파라미터인 bin이 빈의 개수를 결정한다. 선택적 파라미터인 normed를 True로 설정하면, 막대 높이는 정규화되고, 모든 막대 높이의 합은 1이다.

상자그림 그리기

상자그림은 값 집합인 중간값, 사분위수, 최대값, 최소값을 편리하게 보여줌으로써 값 분포를 비교할 수 있다.

다음 스크립트는 정규분포에서 얻은 100개의 무작위 값에 대한 상자그림을 보여준다.

```
import numpy as np
import matplotlib.pyplot as plt

data = np.random.randn(100)

plt.boxplot(data)
plt.show()
```

상자그림은 정규분포에서 얻은 표본을 표현해 나타난다. 코드는 무작위로 생성한 데이터 집합을 사용하므로, 스크립트를 실행할 때마다 결과 그림이 조금 바뀐다.

앞 스크립트는 다음과 같은 그래프를 표시한다.

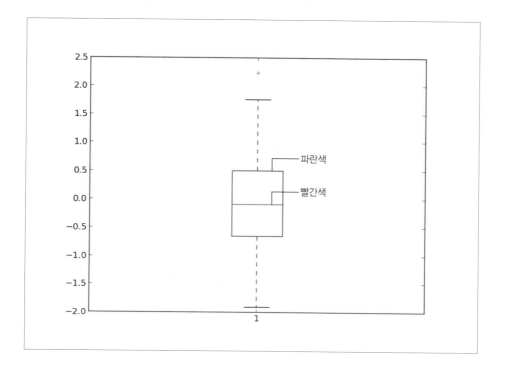

`data = np.random.randn(100)` 변수는 정규분포에서 얻은 100개의 값을 생성한다. 시연 목적을 위한 이런 값은 보통 파일로부터 읽거나 다른 데이터에서 계산한 값이다. `plot.boxplot()` 함수는 값 집합을 취한 후, 자체에서 평균값, 중앙값과 다른 통계 수량을 계산한다. 다음 사항은 앞 상자그림을 설명한다.

* 빨간 막대는 해당 분포의 평균값이다.
* 파란 상자는 제 1사분위수부터 제 3사분위수까지의 데이터의 50%를 포함한다. 따라서 이 상자는 데이터 평균값의 중심이다.
* 하한 뻗은 선은 제 1사분위수의 1.5사분위수 안에 있는 가장 낮은 값까지 확장한다.
* 상한 뻗은 선은 제 3사분위수의 1.5사분위수 안에 있는 가장 높은 값까지 확장한다.
* 뻗은 선에서 멀리 떨어진 값은 십자가 표식으로 보여준다.

단일 그래프에서 상자그림을 하나 이상 보여주기 위해, 일단 각 상자그림마다 `pyplot.boxplot()` 함수를 호출한다면 작동하지 않을 것이다. 상자그림을 서로 위에 간단히 그리겠지만 지저분하고 읽기 힘든 그래프가 된다. 아무튼 다음과 같이 `pylot.boxplot()` 함수를 호출해 그저 단일 그래프에 여러 상자그림을 그릴 수 있다.

```
import numpy as np
import matplotlib.pyplot as plt

data = np.random.randn(100, 5)

plt.boxplot(data)
plt.show()
```

앞 스크립트는 다음과 같은 그래프를 표시한다.

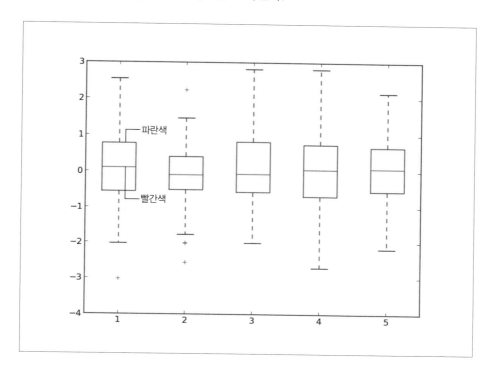

`pyplot.boxplot()` 함수는 리스트의 리스트를 입력으로 받아들이며, 각 하위 리스트별 상자그림을 렌더링한다.

삼각화 그리기

공간 위치를 처리할 때 삼각화가 생긴다. 점과 이웃 관계 사이의 거리를 보여줌과 별개로, 삼각분할은 맵을 표현하는 편리한 방법일 수 있다. 맷플롯립은 삼각화에 대한 지원을 아주 풍부하게 제공한다.

앞 예제처럼, 다음 코드의 몇 줄만으로 충분하다.

```
import numpy as np
import matplotlib.pyplot as plt
import matplotlib.tri as tri

data = np.random.rand(100, 2)

triangles = tri.Triangulation(data[:,0], data[:,1])

plt.triplot(triangles)
plt.show()
```

스크립트를 실행할 때마다 점군cloud of points인 서로 다른 삼각화를 볼 수 있으며, 무작위로 생성한 삼각화다.

앞 스크립트는 다음과 같은 그래프를 만든다.

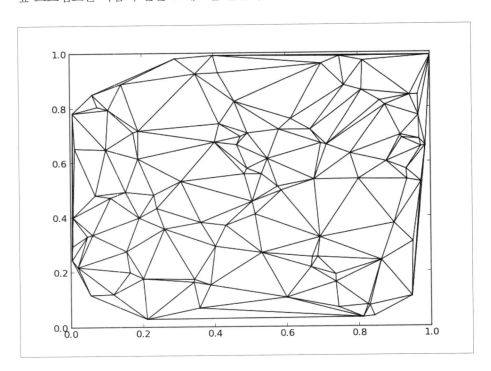

점으로부터 삼각화를 계산하는 도움 함수를 제공하는 `matplotlib.tri` 모듈을 임포트한다. 이번 예제에서 시연 목적으로 다음 코드를 이용해 무작위 점군을 생성한다.

```
data = np.random.rand(100, 2)
```

삼각화를 계산한 후, 다음 코드의 도움으로 `triangle` 변수에 저장한다.

```
triangles = tri.Triangulation(data[:,0], data[:,1])
```

`pyplot.triplot()` 함수는 `triangles`를 입력으로 간단히 취한 후, 삼각화 결과를 표시한다.

2

컬러와 스타일 사용자 정의

2장에서는 다음과 같은 내용을 다룬다.

- 자신만의 컬러 정의
- 분산형 플롯용 사용자 정의 컬러 사용
- 막대 차트용 사용자 정의 컬러 사용
- 원형 차트용 사용자 정의 컬러 사용
- 상자그림용 사용자 정의 컬러 사용
- 분산형 플롯용 컬러맵 사용
- 막대 차트용 컬러맵 사용
- 선 패턴과 굵기 제어
- 채움 패턴 제어
- 표식 스타일 제어
- 표식 크기 제어
- 자신만의 표식 생성
- 표식에 관한 더 많은 제어
- 자신만의 컬러 구성표color scheme 생성

소개

맷플롯립으로 활용할 수 있는 모든 플롯은 자신만의 기본 스타일이 있다. 프로토타이핑용으로 편리하지만, 최종 그래프는 기본 스타일을 벗어난 몇 가지가 필요하다. 기존 시각 차트에서 그레이 레벨gray-level만 사용하거나 기존 컬러 구성표에 따르는 등 더 많을 수 있다. 맷플롯립은 유연함을 염두에 두고 설계됐다. 2장의 예제이자 맷플롯립 그림figure의 스타일에 쉽게 적용할 수 있음을 보여주겠다.

자신만의 컬러 정의

맷플롯립이 사용하는 기본 컬러는 오히려 단조롭다. 자신이 편한 컬러를 선택할 수 있다. 문서나 웹 페이지 안에 잘 어울리도록 미리 정의한 컬러 구성표를 반영한 그림을 원할 수 있다. 더 실용적으로, 흑백 프린터에서 인쇄하는 문서용 그림을 간단하게 만들어야 할 수 있다. 이번 예제에서 자신만의 컬러를 정의하는 방법을 보여준다.

준비	

맷플롯립에서 컬러를 정의하는 방법은 여러 가지다. 일부는 다음과 같다.

- **삼중**triplet: 컬러를 삼중 실제 값인 컬러의 빨강, 파랑, 초록 성분은 설명할 수 있다. 성분은 [0, 1] 간격 안에 있어야 한다. 따라서 파이썬 문법 (1.0, 0.0, 0.0)은 순수한 밝은 빨강으로 코드화하는 반면, (1.0, 0.0, 1.0)은 짙은 분홍이다.

- **사중**quadruplet: 삼중처럼 작동하며, 네 번째 성분은 투명 값을 정의한다. 물론 이 값은 [0, 1] 간격 안에 있어야 한다. 사진 파일을 그림으로 렌더링할 때, 배경과 혼합한 그림을 만들어 내는 투명 컬러를 사용한다. 웹 페이지에서 좌우나 아래에서 위로 이동한 그림을 만들 때 특히 유용하다.

- **사전 정의 이름**_{predefined name}: 맷플롯립은 실제 컬러인 표준 HTML 컬러 이름을 해석한다. 예로 문자열인 red는 컬러로 받아들여 밝은 빨강으로 해석한다. 몇 가지 컬러의 별칭은 한 글자이며 다음 도표에 보인다.

별칭	컬러
b	파랑(Blue)
g	초록(Green)
r	빨강(Red)
c	청록(Cyan)
m	자홍(Magenta)
y	노랑(Yellow)
k	검정(Black)
w	하양(White)

- **HTML 컬러 문자열**: 맷플롯립은 HTML 컬러 문자열을 실제 컬러로 해석할 수 있다. 예로 #RRGGBB를 각각 빨강, 초록, 파랑 성분의 RR, GG, BB가 8비트 값인 16진수를 문자열로 정의한다.
- **그레이 레벨 문자열**: 맷플롯립은 중간 밝기 회색이 0.75인 것처럼 회색 음영을 부동 소수점의 문자열 표현을 해석한다.

예제 구현

컬러 플롯의 컬러 설정은 다음과 같이 pyplot.plot() 함수의 파라미터 컬러(또는 동일한 축약어 c) 설정으로 할 수 있다.

```
import numpy as np
import matplotlib.pyplot as plt

def pdf(X, mu, sigma):
  a = 1. / (sigma * np.sqrt(2. * np.pi))
```

```
  b = -1. / (2. * sigma ** 2)
  return a * np.exp(b * (X - mu) ** 2)

X = np.linspace(-6, 6, 1000)

for i in range(5):
  samples = np.random.standard_normal(50)
  mu, sigma = np.mean(samples), np.std(samples)
  plt.plot(X, pdf(X, mu, sigma), color = '.75')

plt.plot(X, pdf(X, 0., 1.), color = 'k')
plt.show()
```

앞 스크립트는 다음 그래프와 비슷한 그래프를 만들며, 다섯 가지 밝은 회색인 종 모양 곡선과 검은 곡선을 표시한다.

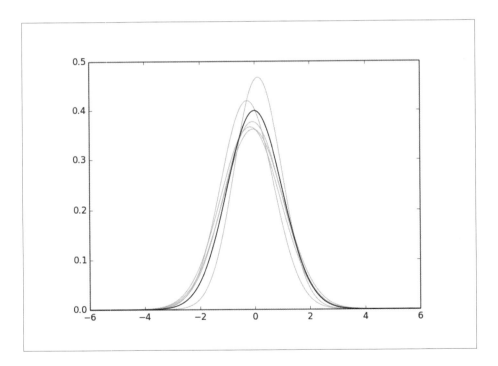

이번 예제에서 정규분포로부터 50개 표본의 다섯 집합을 생성했다. 다섯 집합에 대해 추정한 확률밀도를 밝은 회색으로 그렸다. 정규분포 확률밀도를 검은색으로 보여줬다. 여기서 이 컬러는 검정의 축약어 즉 k를 사용해 코드화했다.

분산형 플롯용 사용자 정의 컬러 사용

곡선을 그릴 때처럼 분산형 플롯에 사용하는 컬러를 제어할 수 있다. 이번 예제에서 분산형 플롯의 컬러를 제어하는 두 가지 방법을 사용하는 방법을 보여준다.

준비

분산형 플롯 함수인 `pyplot.scatter()`는 컬러 파라미터 또는 축약어인 c를 통해 점의 컬러를 제어하는 두 가지 옵션을 다음과 같이 제공한다.

- **모든 점은 공통 컬러**: 컬러 파라미터가 유효한 맷플롯립 컬러 정의라면, 모든 점이 해당 컬러로 나타난다.
- **각 점은 개별 컬러**: 컬러 파라미터가 유효한 맷플롯립 정의의 시퀀스라면, i번째 점은 i번째 컬러로 나타난다. 물론 각 점마다 필요한 컬러를 제공해야 한다.

예제 구현

다음 스크립트에서 두 개의 이변량 가우시안 분포로부터 그린 두 점 집합인 A와 B를 표시한다. 각 집합은 자신만의 컬러를 갖는다. 다음 스크립트에서 보여준 대로 각 점 집합마다 한 번만 `pyplot.scatter()`를 두 번 호출한다.

```
import numpy as np
import matplotlib.pyplot as plt
```

```
A = np.random.standard_normal((100, 2))
A += np.array((-1, -1)) # 분포 중심은 <-1, -1>

B = np.random.standard_normal((100, 2))
B += np.array((1, 1)) # 분포 중심은 <1, 1>

plt.scatter(A[:,0], A[:,1], color = '.25')
plt.scatter(B[:,0], B[:,1], color = '.75')
plt.show()
```

앞 스크립트는 다음과 같은 그래프를 만든다.

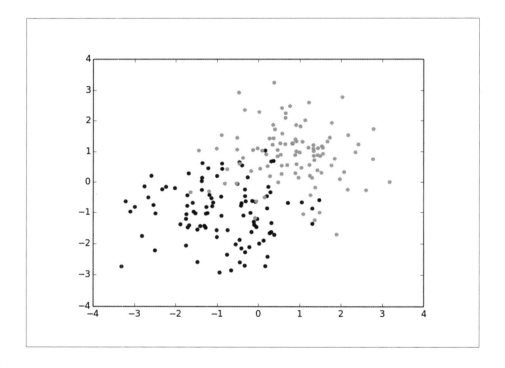

이와 같이 이번 예제에서는 pyplot.plot()처럼 사용자 정의 컬러를 정확하게 사용한다. 다음 스크립트에서는 달라진다. http://archive.ics.uci.edu/ml/datasets/Iris에서 내려받을 수 있는, 피셔의 붓꽃 데이터 집합인 텍스트 파일로부터 배열을 불러온다. 텍스트 파일 내용은 다음과 같다.

```
4.6,3.2,1.4,0.2,Iris-setosa
5.3,3.7,1.5,0.2,Iris-setosa
5.0,3.3,1.4,0.2,Iris-setosa
7.0,3.2,4.7,1.4,Iris-versicolor
6.4,3.2,4.5,1.5,Iris-versicolor
```

데이터 집합의 각 점은 콤마로 분리한 목록에 저장된다. 마지막 열은 세 가지 값인 Iris-virginica, Iris-versicolor, Iris-Vertosa를 취할 수 있는 각 점의 레이블을 제시한다. 넘파이의 numpy.loadtxt 함수를 사용해 이 파일을 읽는다. 점의 컬러는 레이블에 달려 있으며, 다음과 같이 pyplot.scatter() 함수를 한 번만 호출해 점을 표시한다.

```python
import numpy as np
import matplotlib.pyplot as plt

label_set = (
  b'Iris-setosa',
  b'Iris-versicolor',
  b'Iris-virginica',
)

def read_label(label):
  return label_set.index(label)

data = np.loadtxt('iris.data.txt',
                  delimiter = ',',
                  converters = { 4: read_label })

color_set = ('.00', '.50', '.75')
color_list = [color_set[int(label)] for label in data[:,4]]

plt.scatter(data[:,0], data[:,1], color = color_list)
plt.show()
```

앞 스크립트는 다음과 같은 그래프를 만든다.

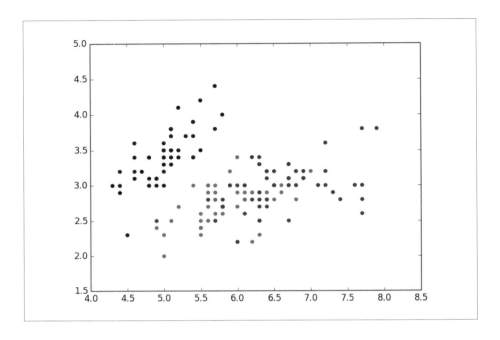

각 세 개의 레이블에 고유한 컬러 하나를 할당한다. color_set에서 컬러를 정의했고, label_set에서 레이블을 정의했다. label_set의 i번째 레이블은 color_set의 i번째 컬러와 연계한다.

리스트 조건 제시법으로 레이블의 리스트인 label_list를 컬러의 리스트인 color_list로 변환한다. 그 다음에는 모든 점을 자신의 컬러로 표시하는 pyplot.scatter()를 한 번만 호출해야 한다. 따로 세 번 호출해 수행할 수 있지만, 확실하게 검증하기 위한 더 많은 코드가 필요하다.

두 점이 동일한 좌표를 가지되 여전히 레이블이 서로 다를 수 있다. 이런 경우 컬러는 그려진 최종 점의 컬러를 보여준다. 투명 컬러를 사용한다면, 겹친 점의 컬러는 서로 함께 혼합된다.

color 파라미터가 점의 컬러를 제어하는 것처럼 edgecolor 파라미터는 점의 가장자리 컬러를 제어한다. color 파라미터를 엄격하게 제한해 작동하므로 다음과 같이 각 점 가장자리의 컬러를 동일하게 설정하거나 가장자리 컬러를 제어할 수 있다.

```
import numpy as np
import matplotlib.pyplot as plt

data = np.random.standard_normal((100, 2))

plt.scatter(data[:,0], data[:,1], color = '1.0', edgecolor='0.0')
plt.show()
```

앞 스크립트는 다음과 같은 그래프를 만든다.

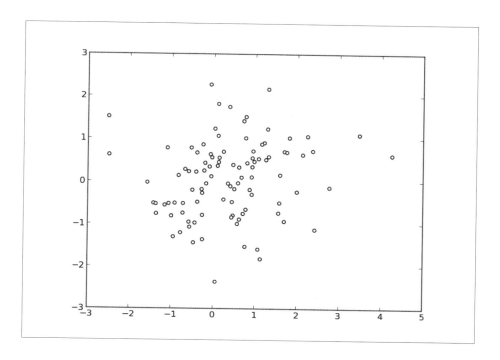

막대 차트용 사용자 정의 컬러 사용

웹 페이지와 프리젠테이션에서 막대 차트를 많이 사용하며, 구성된 컬러 구성표에 종종 따른다. 따라서 막대 차트의 컬러에 관한 훌륭한 제어는 필수다. 이번 예제에서 막대 차트를 자신만의 컬러로 채색하는 방법을 보여준다.

1장에서 막대 차트를 만드는 방법을 이미 봤다. 곡선 플롯과 분산형 플롯에서 했던 것과 동일하게 컬러 사용을 제어한다. 즉, 선택적인 파라미터를 통한다. 이번 예제에서 다음과 같이 파일로부터 주 인구의 연령 피라미드를 불러온다.

```
import numpy as np
import matplotlib.pyplot as plt

women_pop = np.array([5., 30., 45., 22.])
men_pop = np.array([5., 25., 50., 20.])

X = np.arange(4)
plt.barh(X, women_pop, color = '.25')
plt.barh(X, -men_pop, color = '.75')

plt.show()
```

앞 스크립트는 남성 연령 분할인 막대 차트와 여성 연령 분할인 다른 막대 차트를 보여준다. 다음 그래프와 같이 여성은 어두운 회색으로 나타나는 반면, 남성은 밝은 회색으로 나타난다.

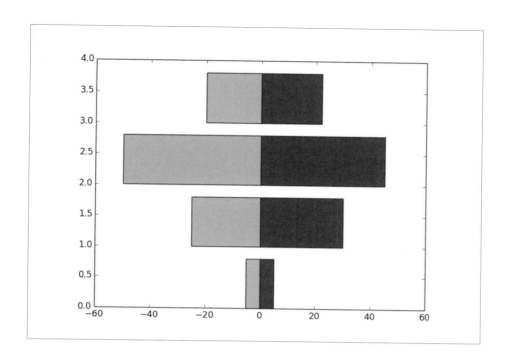

`pyplot.bar()`와 `pyplot.barh()` 함수는 `pyplot.scatter()`와 똑같이 정확하게 작동한다. 선택적인 파라미터인 `color`를 단순하게 설정해야 한다. 또한 `edgecolor` 파라미터를 활용할 수 있다.

이번 예제에서 막대 차트를 표시하며, 막대 컬러는 표현하는 값에 의존한다. 이 값은 각 막대마다 다른 음영을 나타내는 [0, 24], [25, 49], [50, 74], [75, 100] 범위에 있다. 컬러 리스트는 다음과 같이 리스트 조건 제시법을 사용해 구성한다.

```
import numpy as np
import matplotlib.pyplot as plt

values = np.random.random_integers(99, size = 50)

color_set = ('.00', '.25', '.50', '.75')
color_list = [color_set[(len(color_set) * val) // 100] for val in
  values]
plt.bar(np.arange(len(values)), values, color = color_list)
plt.show()
```

다음 그래프와 같이 막대 차트의 막대는 막대의 높이에 따라 채색됐음을 알 수 있다.

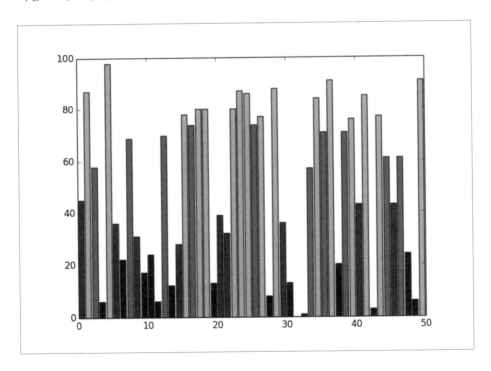

값을 정렬한다면, 다음 그래프와 같이 막대를 네 가지 뚜렷한 대역으로 형성한다.

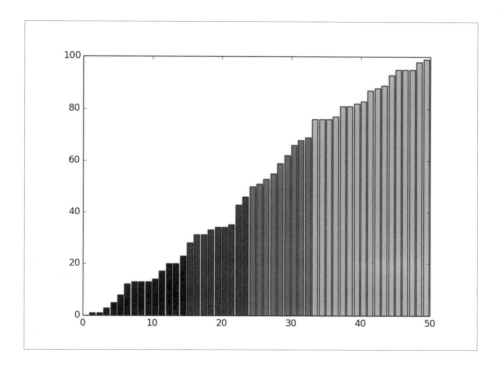

원형 차트용 사용자 정의 컬러 사용

막대 차트와 같이 원형 차트도 문맥에서 사용할 수 있으며, 컬러 구성표에 문제가 많을 수 있다. 원형 차트를 채색하는 작업은 막대 차트와 거의 비슷하다. 이번 예제에서 원형 차트를 자신만의 컬러로 채색하는 방법을 살펴보자.

예제 구현

pyplot.pie() 함수는 다음 스크립트와 같이 선택적인 파라미터인 컬러 리스트를 받는다.

```
import numpy as np
import matplotlib.pyplot as plt

values = np.random.rand(8)
color_set = ('.00', '.25', '.50', '.75')

plt.pie(values, colors = color_set)
plt.show()
```

앞 스크립트는 다음과 같은 원형 차트를 만든다.

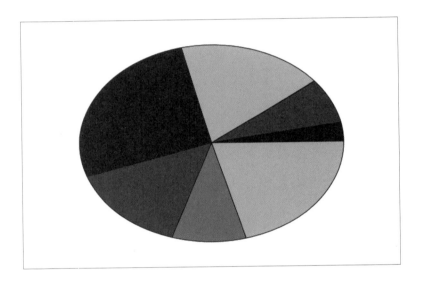

예제 분석

원형 차트는 colors 파라미터를 이용해 컬러 리스트를 받는다(colors이지 color가 아님에 주의하자). 다만 컬러 리스트는 값 입력 리스트인 많은 요소를 가질 수 없다. 값보다 컬러가 부족하다면 pyplot.pie()는 컬러 리스트를 통한 단순한 원형이 된다. 앞 예제에서 여덟 가지 값으로 구성한 원형 차트의 컬러에 네 컬러 리스트를 제시했다. 따라서 각 컬러를 두 번 사용한다.

상자그림용 사용자 정의 컬러 사용

상자그림은 과학 출판물의 일반적인 주요한 특징이다. 컬러 상자그림은 문제가 없다. 하지만 흑백만 필요할 수 있다. 이번 예제에서 상자그림용 사용자 정의 컬러를 사용하는 방법을 보여준다.

예제 구현

모든 함수는 그림을 구성하는 저수준 그리기 원시 요소low-level drawing primitive인 몇 가지 값을 반환하는 특정 그림을 생성한다. 일반적으로 반환 값을 일부러 얻을 필요가 없다. 아무튼 저수준 그리기 원시 요소를 조작해 상자 플롯용 사용자 정의 컬러 구성표 같은 몇 가지 미세 조정을 할 수 있다.

예제 구현

다음 스크립트에서 보듯이 상자그림을 전체적으로 검게 만듦을 제대로 하기엔 조금 더 까다롭다.

```
import numpy as np
import matplotlib.pyplot as plt
values = np.random.randn(100)

b = plt.boxplot(values)
for name, line_list in b.iteritems():
  for line in line_list:
    line.set_color('k')

plt.show()
```

앞 스크립트는 다음과 같은 그래프를 만든다.

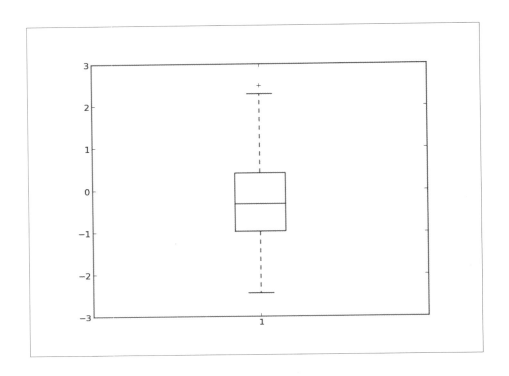

플롯팅 함수는 딕셔너리dictionary를 반환한다. 딕셔너리의 키는 그래픽 요소의 이름이다. 상자그림인 경우, 요소는 중앙, 날개, 수염, 상자, 모자를 들 수 있다. 각 딕셔너리의 키와 관련된 이 값은 저수준 그래픽 원시 요소인 선, 모양 등의 목록이다. 이번 스크립트에서 상자그림의 부분인 모든 그래픽 원시 요소를 반복한 후 해당 컬러를 검정으로 설정한다. 이런 같은 방법은 자신만의 컬러 구성표로 상자그림을 렌더링할 수 있게 한다.

분산형 플롯용 컬러맵 사용

컬러를 많이 사용할 경우 각 컬러를 일일이 정의하는 것이 지루하다. 게다가 좋은 컬러 집합을 구축하는 자체도 골칫거리다. 경우에 따라 컬러맵colormap은 이런 쟁점을 해결할 수 있다. 컬러맵은 한 컬러에 대응하도록 한 변수에 한 값의 연속적인 함수를 정의한다. 맷플롯립은 여러 공통 컬러맵을 제공한다. 대부분 컬러맵은 연속적인 컬러 램프color ramp다. 이번 예제에서 컬러맵으로 분산형 플롯을 채색하는 방법을 보여준다.

예제 구현

matplotlib.cm 모듈에서 컬러맵을 정의한다. 이 모듈은 컬러맵을 생성하고 사용하는 함수를 제공한다. 비용이 많이 드는 사전정의 컬러 맵 선택도 제공한다.

pyplot.scatter() 함수는 color 파라미터의 리스트 값을 받는다. 컬러맵을 제공하면(cmap 파라미터로), 다음과 같이 이 리스트 값을 컬러맵 첨자로 해석한다.

```
import numpy as np
import matplotlib.cm as cm
import matplotlib.pyplot as plt

N = 256
angle  = np.linspace(0, 8 * 2 * np.pi, N)
radius = np.linspace(.5, 1., N)

X = radius * np.cos(angle)
Y = radius * np.sin(angle)

plt.scatter(X, Y, c = angle, cmap = cm.hsv)
plt.show()
```

앞 스크립트는 다음 그래프와 같이 점이 다채로운 나선형을 만든다.

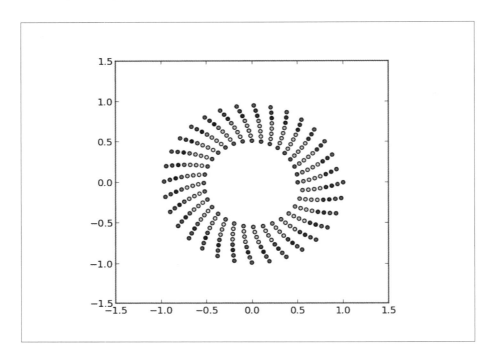

예제 분석

이번 스크립트에서 점을 나선형으로 그렸다. 각도 변수의 함수인 점을 컬러맵으로 부터 컬러를 취해 채색한다. matplotlib.cm 모듈에서 컬러맵의 큰 집합을 활용할 수 있다. hsv 맵은 컬러의 전체 분광을 포함하며, 멋진 무지개 테마를 만든다. 과학 시각화 경우, PuOr 맵처럼 다른 컬러맵이 더 적합하며 인식 컬러 강도를 고려한 다. PuOr 맵을 갖고 동일한 스크립트로 하면 다음과 같은 결과를 제공한다.

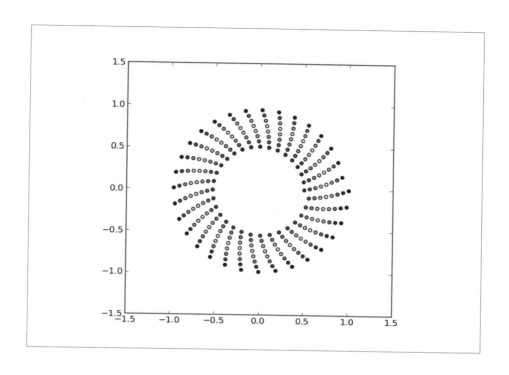

막대 차트용 컬러맵 사용

`pyplot.scatter()` 함수는 내장 컬러맵을 지원한다. 다른 일부 플롯팅 함수를 지원하는지는 추후에 찾겠다. 다만 `pyplot.bar()` 함수 같은 몇 가지 함수는 막대 차트를 그리기 위해 컬러맵을 입력으로 취하지 않는다. 이번 예제에서 막대 차트용 사용자 정의 컬러를 사용하는 방법을 보여준다.

맷플롯립에 컬러맵으로부터 명시적으로 컬러를 생성하는 도움 함수가 있다. 예로 막대 차트의 막대를 표현하는 값의 함수로 채색할 수 있다.

이번 예제에서는 이전 예제에서 했던 그대로 `matplotlib.cm` 모듈을 사용한다. 이번에는 컬러맵을 자동으로 사용하는 렌더링 함수를 허용하는 대신에 컬러맵 객체를 직접 사용한다. 다음 스크립트와 같이 컬러와 관계된 유틸리티 함수를 포함하는 `matplotlib.color`도 필요하다.

```python
import numpy as np
import matplotlib.cm as cm
import matplotlib.colors as col
import matplotlib.pyplot as plt

values = np.random.random_integers(99, size = 50)

cmap = cm.ScalarMappable(col.Normalize(0, 99), cm.binary)

plt.bar(np.arange(len(values)), values, color = cmap.to_rgba(values))
plt.show()
```

앞 스크립트는 다음 그래프와 같이 막대의 컬러가 막대의 높이에 의존하는 막대 차트를 만든다.

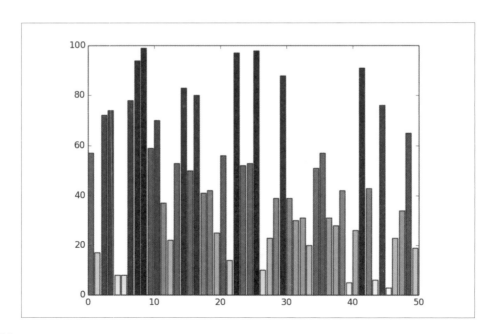

값을 [0, 99]에서 matplotlib.cm.binary 컬러맵의 컬러로 사상하기 위해 cmap 컬러맵을 먼저 생성했다. 그 다음에는 `cmap.to_rgba` 함수는 값 리스트를 컬러 리스트로 변환한다. 그런 후의 `pyplot.bar`는 컬러맵을 지원하지 않지만, 복잡한 코드를 수반하지 않는 컬러맵을 사용하며, 쉽게 만들 수 있는 함수가 있다.

값 리스트를 정렬했다면, 다음 그래프와 같이 여기서 사용한 컬러맵의 모습이 연속적으로 뚜렷해짐에 주목하자.

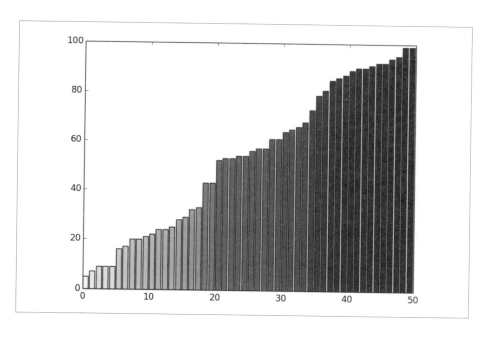

선 패턴과 굵기 제어

흑백 문서용 그림을 생성할 때 그레이 레벨을 제한한다. 실제로 보통 대부분 세 가지 그레이 레벨이며, 합리적으로 사용할 수 있다. 하지만 다른 선 패턴을 사용하면 약간 다양할 수 있다. 이번 예제에서 선 패턴과 굵기를 제어하는 방법을 보여준다.

컬러 사례처럼 다음 스크립트와 같이 `pyplot.plot()`의 선택적인 파라미터로 선 스타일을 제어할 수 있다.

```python
import numpy as np
import matplotlib.pyplot as plt

def pdf(X, mu, sigma):
  a = 1. / (sigma * np.sqrt(2. * np.pi))
  b = -1. / (2. * sigma ** 2)
  return a * np.exp(b * (X - mu) ** 2)

X = np.linspace(-6, 6, 1024)

plt.plot(X, pdf(X, 0., 1.), color = 'k', linestyle = 'solid')
plt.plot(X, pdf(X, 0., .5), color = 'k', linestyle = 'dashed')
plt.plot(X, pdf(X, 0., .25), color = 'k', linestyle = 'dashdot')

plt.show()
```

앞 스크립트는 다음과 같은 그래프를 만든다.

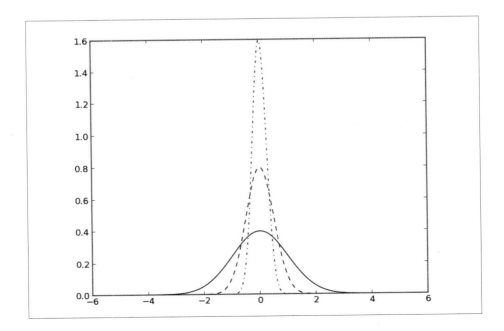

이번 예제에서 세 개의 다른 곡선인 선 패턴을 제어하기 위해 pyplot.plot()의 linestyle 파라미터를 사용한다. 선 스타일을 다음과 같이 사용할 수 있다.

- 실선solid

- 파선dashed

- 점선dotted

- 쇄선dashdot

선 스타일 설정은 pyplot.plot()에서만 국한하지 않는다. 사실 선으로 만든 어떠한 그래프도 설정을 허용한다. 더욱이 선 굵기를 제어할 수도 있다.

다른 플롯 타입의 선 스타일

선 렌더링을 수반하는 모든 명령어에서 linestyle 파라미터를 활용할 수 있다. 예로 다음과 같이 막대 차트에 사용하는 선 패턴을 수정할 수 있다.

```
import numpy as np
import matplotlib.pyplot as plt

N = 8
A = np.random.random(N)
B = np.random.random(N)
X = np.arange(N)

plt.bar(X, A, color = '.75')
plt.bar(X, A + B, bottom = A, color = 'w', linestyle = 'dashed')

plt.show()
```

앞 스크립트는 다음과 같은 그래프를 만든다.

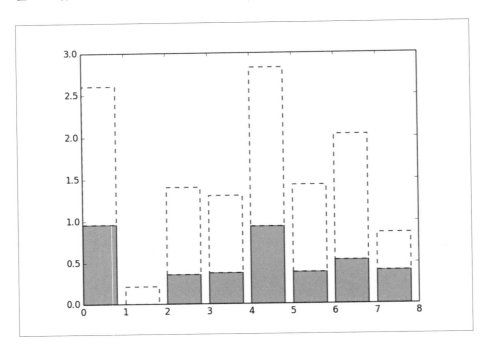

선 폭

마찬가지로 `linewidth` 파라미터는 선의 굵기를 변경한다. 기본으로 굵기를 1 단위로 설정한다. 선 굵기를 다룸에 있어 특정 곡선을 강조를 부여할 때 도움을 줄 수 있다. 다음은 `linewidth` 파라미터를 사용해 선 굵기를 설정하는 스크립트다.

```
import numpy as np
import matplotlib.pyplot as plt


def pdf(X, mu, sigma):
    a = 1. / (sigma * np.sqrt(2. * np.pi))
    b = -1. / (2. * sigma ** 2)
    return a * np.exp(b * (X - mu) ** 2)
```

```
X = np.linspace(-6, 6, 1024)
for i in range(64):
  samples = np.random.standard_normal(50)
  mu, sigma = np.mean(samples), np.std(samples)
  plt.plot(X, pdf(X, mu, sigma), color = '.75', linewidth = .5)

plt.plot(X, pdf(X, 0., 1.), color = 'y', linewidth = 3.)
plt.show()
```

앞 스크립트의 결과인 다음 그래프에서 추정한 64개의 가우시안 확률밀도함수 PDF, Probability Density Functions는 50개 표본으로부터 추정하며, 얇은 그레이 곡선으로 보여준다. 표본을 그릴 때 사용하는 가우시안 분포를 두꺼운 검은 곡선으로 보여준다.

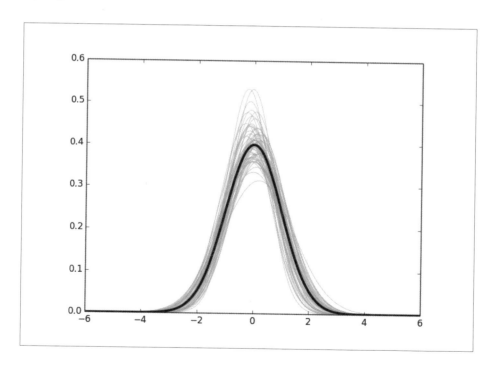

채움 패턴 제어

맷플롯립은 패턴으로 표면을 채우기 위해 꽤 제한적인 지원을 제공하며, 흑백 인쇄용 그림을 준비할 때 도움을 줄 수 있다. 이번 예제에서 패턴으로 표면을 채울 수 있는 방법을 보여준다.

예제 구현

다음과 같이 막대 차트에 채움 패턴 사용을 시연해보자.

```
import numpy as np
import matplotlib.pyplot as plt

N = 8
A = np.random.random(N)
B = np.random.random(N)
X = np.arange(N)

plt.bar(X, A, color = 'w', hatch = 'x')
plt.bar(X, A + B, bottom = A, color = 'w', hatch = '/')

plt.show()
```

앞 스크립트는 다음과 같은 그래프를 만든다.

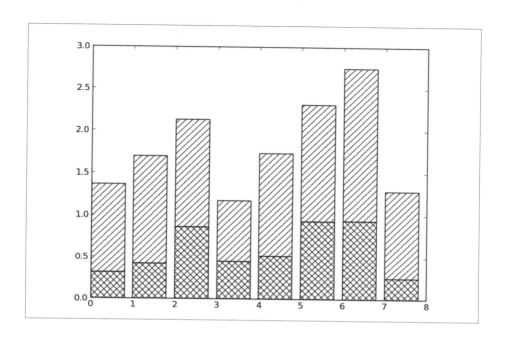

예제 분석

`pyplot.bar()` 같은 용적을 채우는 렌더링 함수는 선택적인 파라미터인 해치hatch 를 받는다. 이 파라미터는 다음과 같은 값을 취할 수 있다.

- /
- \
- |
- -
- +
- x
- o
- O
- .
- *

각 값은 서로 다른 해칭 패턴hatching pattern에 대응한다. color 파라미터는 패턴의 배경 컬러를 제어하는 반면에 edgecolor는 해칭의 컬러를 제어한다.

표식 스타일 제어

1장에서 점으로 곡선의 점을 표시하는 방법을 봤다. 또한 분산형 플롯으로 데이터 집합의 각 점을 표현했다. 실제로는 맷플롯립은 표식의 다른 종류로 점을 대치하는 다양한 모양을 제공한다. 이번 예제에서 표식 스타일을 설정하는 방법을 보여준다.

준비

다음과 같이 표식을 여러 가지 방법으로 지정할 수 있다.

- **사전 정의 표식**predefinded marker: 모양으로 정의될 수 있으며, [0, 8] 범위의 숫자나 다른 문자열로 표현한다.
- **꼭지점 목록**vertices list: 값이 쌍인 목록이며, 모양의 경로에 대한 좌표로 사용된다.
- **정다각형**regular polygon: N개의 면을 갖는 정다각형의 삼중(N, 0, 각도)을 회전된 각도로 표현한다.
- **별다각형**start polygon: N개의 면을 갖는 별다각형의 삼중(N, 0, 각도)을 회전된 각도로 표현한다.

예제 구현

각 두 다른 컬러로 두 점 집합을 보여주는 스크립트를 만들어보자. 다음과 같이 모든 점을 검게 표시하지만, 서로 다른 표식이 있다.

```
import numpy as np
import matplotlib.pyplot as plt

A = np.random.standard_normal((100, 2))
A += np.array((-1, -1))

B = np.random.standard_normal((100, 2))
B += np.array((1, 1))

plt.scatter(A[:,0], A[:,1], color = 'k', marker = 'x')
plt.scatter(B[:,0], B[:,1], color = 'k', marker = '^')

plt.show()
```

다음 그래프와 같이 서로 다른 표식을 각각 사용한 점의 두 가우시안 구름이 나타
난다.

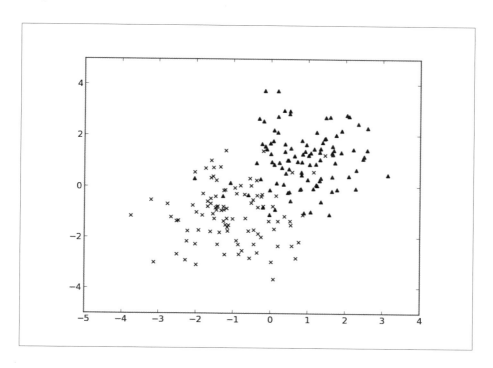

이번 스크립트에서 두 분산형 플롯의 컬러를 검정으로 설정한다. `marker` 파라미터를 사용해 각 집합마다 다른 표식을 지정한다.

`color` 파라미터와 달리, `marker` 파라미터는 입력인 표식 명세의 리스트를 받지 않는다. 따라서 다른 표식으로 여러 점 집합을 표시하기 위해 `pyplot.scatter()`를 한 번만 호출해 사용할 수 없다. 다음과 같이 마커 타입마다 점을 분리한 후, 각 집합마다 `pyplot.scatter()` 함수를 따로 호출해 사용해야 한다.

```
import numpy as np
import matplotlib.pyplot as plt

label_list = (
  b'Iris-setosa',
  b'Iris-versicolor',
  b'Iris-virginica',
)

def read_label(label):
  return label_list.index(label)

data = np.loadtxt('iris.data.txt',
  delimiter = ',',
  converters = { 4: read_label })

marker_set = ('^', 'x', '.')
for i, marker in enumerate(marker_set):
  data_subset = numpy.asarray([x for x in data if x[4] == i])
  plt.scatter(data_subset[:,0], data_subset[:,1],
    color = 'k',
    marker = marker)

plt.show()
```

다음 그래프와 같이 데이터 집합의 각 군집이 자신만의 표식으로 나타난다.

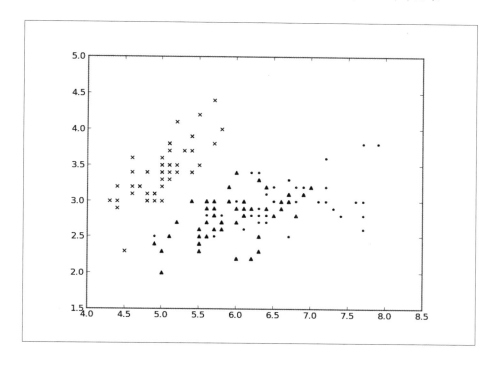

이번 예제는 데이터 집합을 불러와서 레이블에 따라 각 점을 표시함에 있어 이전 예제와 비슷하다. 하지만 여기서는 레이블당 점을 분리한 후, 맵의 각 엔트리를 통해 순회하면서 각 점의 부분집합에 대한 pyplot.scatter()를 호출한다.

부연 설명

표식 스타일은 동일한 marker 파라미터를 사용해 pyplot.plot()에 접근할 수도 있다. 각 데이터 점에 대한 한 표식을 사용하면 원했던 것보다 많은 점을 표시하는 문제가 생길 수 있다. 다음 스크립트와 같이 markevery 파라미터는 모든 N 점에 대해 한 표식만 표시한다.

```
import numpy as np
import matplotlib.pyplot as plt

X = np.linspace(-6, 6, 1024)
Y1 = np.sinc(X)
Y2 = np.sinc(X) + 1

plt.plot(X, Y1, marker = 'o', color = '.75')
plt.plot(X, Y2, marker = 'o', color = 'k', markevery = 32)

plt.show()
```

앞 그림은 다음과 같은 그래프를 만든다.

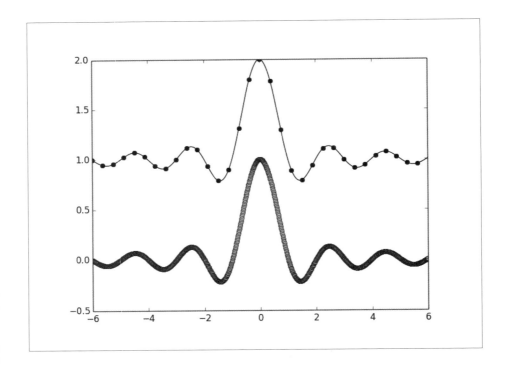

표식 크기 제어

이전 예제에서 봤듯이, 표식 스타일을 제어할 수 있다. 물론 표식 크기를 제어해 동일한 선에 따르게 작업할 수 있다. 이번 예제에서 표식 크기를 제어하는 방법을 보여준다.

다음 스크립트와 같이 다른 표식 속성에서 했던 동일한 방법으로, 선택적인 전용 파라미터로 표식 크기를 제어한다.

```
import numpy as np
import matplotlib.pyplot as plt

A = np.random.standard_normal((100, 2))
A += np.array((-1, -1))
B = np.random.standard_normal((100, 2))
B += np.array((1, 1))

plt.scatter(B[:,0], B[:,1], c = 'k', s = 100.)
plt.scatter(A[:,0], A[:,1], c = 'w', s = 25.)

plt.show()
```

앞 스크립트는 다음과 같은 그래프를 만든다.

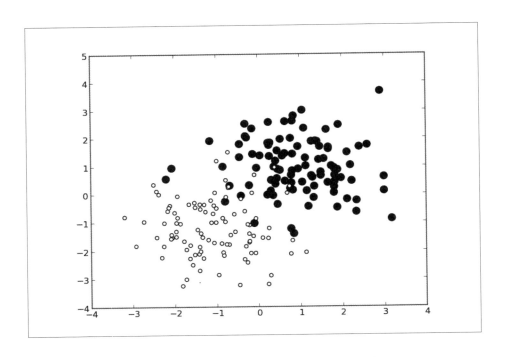

이번 예제에서 크기가 다른 두 점 집합을 표시한다. pyplot.scatter()의 s 파라미터로 표식 크기를 설정한다. 아주 묘하게도 표식의 표면 영역을 설정하지만, 표식의 반경은 아니다.

크기는 실제 표면 영역이지 반경이 아니기 때문이며, 표식을 네 배 크게 하면 반경은 두 배로 커져야 하는 이차 수열quadratic progression에 따른다.

pyplot.scatter() 함수는 다음 스크립트와 같이 각 점의 한 크기인 s 파라미터로 입력인 리스트를 취할 수도 있다.

```
import numpy as np
import matplotlib.pyplot as plt

M = np.random.standard_normal((1000, 2))
R = np.sum(M ** 2, axis = 1)
```

```
plt.scatter(M[:, 0], M[:, 1], c = 'w', marker = 's', s = 32. * R)
plt.show()
```

앞 스크립트는 다음과 같은 그래프를 만든다.

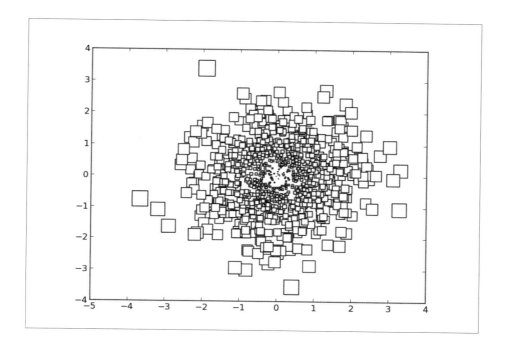

이번 스크립트에서 이변량 가우시안 분포에 따르는 무작위 점을 그렸다. 각 점의 반경은 원점으로부터의 거리에 의존한다.

pyplot.plot() 함수는 markersize(혹은 축약어인 ms) 파라미터로 표식의 크기를 변경할 수도 있게 한다. 이 파라미터는 입력인 값 리스트를 받지 않는다.

자신만의 표식 생성

맷플롯립은 아주 다양한 표식 모양을 제공하지만, 입맛에 들어 맞는 무언가를 찾지 못할 수 있다. 예로 동물 실루엣, 회사 로고 등을 사용하고 싶을 때를 들 수 있다. 이번 예제에서 자신만의 표식 모양을 정의하는 방법을 보여준다.

맷플롯립은 점을 함께 연결한 시퀀스인 경로를 모양으로 기술한다. 따라서 자신만의 표식 모양을 정의하려면 점의 시퀀스를 제공해야 한다. 다음 스크립트 예제에서 십자가와 비슷한 모양을 정의한다.

```python
import numpy as np
import matplotlib.path as mpath
from matplotlib import pyplot as plt

shape_description = [
    ( 1., 2., mpath.Path.MOVETO),
    ( 1., 1., mpath.Path.LINETO),
    ( 2., 1., mpath.Path.LINETO),
    ( 2., -1., mpath.Path.LINETO),
    ( 1., -1., mpath.Path.LINETO),
    ( 1., -2., mpath.Path.LINETO),
    (-1., -2., mpath.Path.LINETO),
    (-1., -1., mpath.Path.LINETO),
    (-2., -1., mpath.Path.LINETO),
    (-2., 1., mpath.Path.LINETO),
    (-1., 1., mpath.Path.LINETO),
    (-1., 2., mpath.Path.LINETO),
    ( 0., 0., mpath.Path.CLOSEPOLY),
]

u, v, codes = zip(*shape_description)
my_marker = mpath.Path(np.asarray((u, v)).T, codes)
data = np.random.rand(8, 8)
plt.scatter(data[:,0], data[:, 1], c = '.75', marker = my_marker,
    s = 64)
plt.show()
```

앞 스크립트는 다음과 같은 그래프를 생성한다.

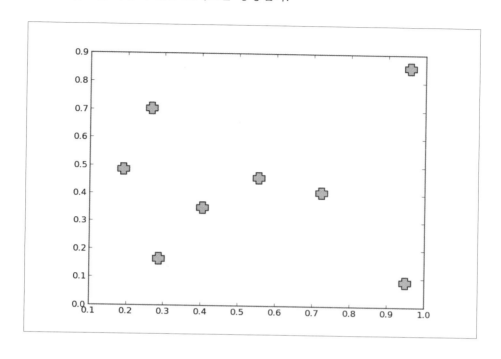

예제 분석

모든 pyplot 함수는 선택적인 인자 즉 marker를 갖는 표식으로 그림을 렌더링한다. 이전 예제에서 봤듯이, 사전에 정의된 맷플롯립 표식 중의 하나를 선택하기 위해 인자가 문자열일 수 있다. 다만 marker 인자는 물론 Path의 인스턴스일 수 있다. Path 객체는 matplotlib.path 모듈에서 정의된다.

Path 객체의 생성자는 좌표 리스트와 명령 리스트를 입력으로 취하며, 좌표당한 명령어다. 분리한 두 좌표 리스트와 명령 리스트를 갖는 대신에, 좌표와 명령어를 함께 융합한 단일 리스트인 shape_description을 사용한다. shape_description을 조작하고, 좌표와 명령어 리스트를 분리해 Path 생성자에게 넘길 때 사용한 코드 한 조각은 다음과 같다.

```
u, v, codes = zip(*shape_description)
my_marker = mpath.Path(np.asarray((u, v)).T, codes)
```

커서의 움직임으로 모양을 기술한다. 다음과 같이 명령의 세 가지 타입을 사용한다.

- MOVETO: 이 명령은 커서를 지정 좌표로 이동한다. 선을 그리지 않는다.
- LINETO: 커서를 지정 좌표로 선을 그리면서 이동한다.
- CLOSEPOLY: 아무 일도 하지 않은 채 경로를 닫는다. 이 명령으로 경로가 끝난다.

이론적으로 어떠한 모양도 가능하지만, 모양 경로를 단순히 기술해야 한다. 실제로 복잡한 모양(예로, 회사 로고)을 사용하고 싶다면, 몇 가지 변환 작업을 거쳐야 한다. 맷플롯립은 인기 있는 벡터 파일 포맷(SVG 같은)을 Path 객체로 변환하는 루틴을 제공하지 않는다.

표식에 관한 더 많은 제어

가장자리 컬러, 내부 컬러 등 같은 미세 조정은 표식에 가능하다. 예로 곡선 컬러 외에 다른 컬러의 표식으로 곡선을 그림도 가능하다. 이번 예제에서 표식 모습을 미세 조정하는 방법을 보여준다.

예제 구현

표식의 모양, 컬러, 크기를 선택적인 파라미터로 설정하는 방법을 배웠다. 다음 스크립트와 같이 이용할 수 있는 것이 많다.

```
import numpy as np
import matplotlib.pyplot as plt

X = np.linspace(-6, 6, 1024)
Y = np.sinc(X)
```

```
plt.plot(X, Y,
    linewidth = 3.,
    color = 'k',
    markersize = 9,
    markeredgewidth = 1.5,
    markerfacecolor = '.75',
    markeredgecolor = 'k',
    marker = 'o',
    markevery = 32)
plt.show()
```

pyplot.plot()을 호출하면 가독성 목적으로 여러 선에 걸쳐 쪼개며, 선택적인 파라미터당 한 선이다. 앞 스크립트는 다음과 같은 그래프를 만든다.

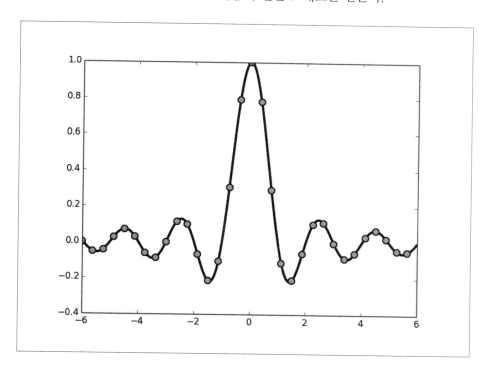

이번 예제는 `markeredgecolor.markerfacecolor`와 `markeredgewidth` 파라미터 사용법을 보여줬으며, 각각 표식의 가장자리 컬러, 내부 컬러, 선 폭을 제어한다. 모든 렌더링 함수는 `pyplot.plot` 같은 표식을 사용할 수 있으며, 선택적인 파라미터를 받는다.

자신만의 컬러 구성표 생성

맷플롯립이 사용하는 기본 컬러로 인쇄 문서를 적합하게 출판할 수 있어야 한다. 따라서 배경은 기본이 흰색인 반면, 레이블, 축, 다른 주석annotation은 검정으로 나타낸다. 다른 사용 맥락에서 다른 컬러 구성표를 선호할 수 있다. 예로 그림의 배경은 검되 주석이 흰색이다. 이번 예제에서 맷플롯립의 기본 설정을 변경하는 방법을 살펴보다.

맷플롯립에서 축, 그림, 레이블 같은 다양한 객체를 개별로 기록할 수 있다. 이런 모든 객체의 컬러 설정을 1대1로 바꿈은 매우 성가실 듯 하다. 다행히도 모든 맷플롯립 객체의 컬러를 중앙 집중식centeralized configuration 객체의 기본 컬러로 선택할 수 있다.

다음 스크립트에서 검은 배경과 흰 주석을 갖기 위해 맷플롯립의 중앙 집중식을 사용한다.

```
import numpy as np
import matplotlib as mpl
from matplotlib import pyplot as plt
```

```
mpl.rc('lines', linewidth = 2.)
mpl.rc('axes', facecolor = 'k', edgecolor = 'w')
mpl.rc('xtick', color = 'w')
mpl.rc('ytick', color = 'w')
mpl.rc('text', color = 'w')
mpl.rc('figure', facecolor = 'k', edgecolor ='w')
mpl.rc('axes', color_cycle = ('w', '.5', '.75'))

X = np.linspace(0, 7, 1024)

plt.plot(X, np.sin(X))
plt.plot(X, np.cos(X))
plt.show()
```

앞 스크립트는 다음과 같은 그래프를 만든다.

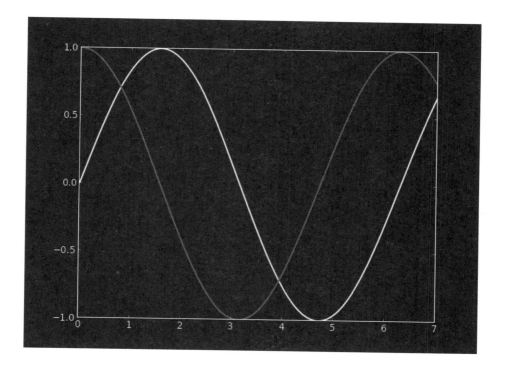

matplotlib 모듈은 중앙집중식 구성으로 동작하는 rc 객체를 갖는다. 모든 맷플롯립 객체는 rc 객체의 기본 설정을 가져온다. rc 객체는 속성 집합과 관련된 값을 담는다. 예로, mpl.rc('lines', linewidth = 2.)는 lines.linewidth 속성의 기본을 2로 설정한다. 선은 이제 2인 폭을 갖는다. 여기서 그림의 배경을 검정으로 설정한 반면에(figure..facecolor와 axes.facecolor 속성 사용), 모든 주석을 흰색으로 설정한다(figure.edgecolor, axes.edgecolor, text.coor, xtick.color, ytick.color 속성 사용). 맷플롯립이 axes.color_cycle 속성으로 자동으로 가져온 컬러를 재정의할 수도 있다. 맷플롯립의 속성에 대한 좋은 참고서는 http://matplotlib.org/_static/matplotlibrc에서 내려받을 수 있다.

지금 입맛에 맞게끔 맷플롯립의 기본 설정을 변경하는 방법을 알았다. 하지만 모든 스크립트에서 이런 설정을 사용하고 싶다면, 해당 설정을 복사하고 붙여야 한다. 이것은 매우 불편하다. 다행히도 기본 설정을 matplotlibrc 파일에 저장할 수 있다. matplotlibrc 파일은 속성과 대응하는 값을 포함하는 평문 텍스트 파일이며, 줄마다 한 속성이 있다. 다음은 이번 예제의 matplotlibrc 포맷인 설정이다.

```
lines.linewidth: 2
axes.facecolor: black
axes.edgecolor: white
xtick.color: white
ytick.color: white
text.color: white
figure.facecolor: black
figure.edgecolor: white
axes.color_cycle: white, #808080, #b0b0b0
```

matplotlibrc 파일을 현재 디렉토리(즉, 스크립트를 실행한 곳의 디렉터리)에서 찾았다면, 맷플롯립의 기본 설정을 덮는다.

자신만의 기본 설정을 만들기 위해 matplotlibrc 파일을 지정한 곳에 저장할 수도 있다. 대화형 파이썬 셸에서 다음 명령어를 실행한다.

```
import matplotlib
mpl.get_configdir()
```

이 명령어는 맷플롯립의 기본 설정이 자신만의 기본 설정이 되는 matplotlibrc 파일이 있는 곳을 보여준다.

3
주석 사용

3장에서는 다음과 같은 내용을 다룬다.

- 제목 추가
- 라텍스 스타일 표기법 사용
- 각 축에 레이블 추가
- 텍스트 추가
- 화살표 추가
- 범례 추가
- 격자 추가
- 선 추가
- 모양 추가
- 눈금 간격 제어
- 눈금 레이블 붙이기 제어

소개

따로 설명할 필요가 없는 그림을 만드는 좋은 실습을 해볼 수도 있다. 하지만 아무런 주석 없이는 몇 개의 곡선과 점만으로 이해할 수 있는 그림을 만들기에 어려울 수 있다. 수평 축과 수직 축을 어떻게 읽는가? 상자와 곡선으로 표현한 수량은 어떤 것인가? 맷플롯립은 그림에 넣을 수 있는 방대한 주석을 제공하며, 이 장에서는 이러한 주석을 알아본다.

제목 추가

그래픽에 제목을 추가하는 간단한 작업부터 시작하자.

다음 코드는 그림에 제목을 추가한다.

```
import numpy as np
import matplotlib.pyplot as plt

X = np.linspace(-4, 4, 1024)
Y = .25 * (X + 4.) * (X + 1.) * (X - 2.)

plt.title('A polynomial')
plt.plot(X, Y, c = 'k')
plt.show()
```

여기서 단순한 곡선을 렌더링한 후 그림에 제목을 추가하며, 그림의 상단에 제목이 나타난다.

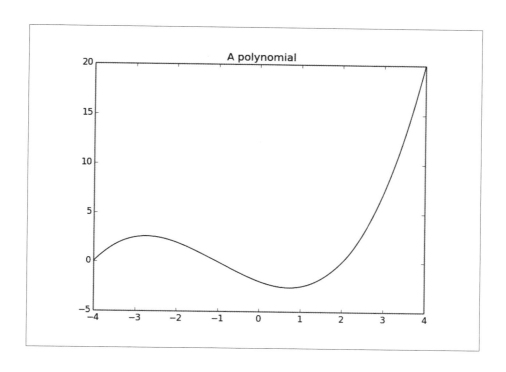

파라미터인 문자열을 받아 전체 그림의 제목을 설정하는 `pyplot.title()` 함수로
간단하게 작업했다.

라텍스 스타일 표기법 사용

지금 그림에 주석을 달 수 있다. 하지만 과학과 공학적인 문맥에서는 해를 보여줄
때 이전에 귀찮은 제약으로 인해 고생했다. 수학적 표기법을 사용할 수 없다! 아니
라면 가능한가? 그림에 수학적 스크립트를 표시하기 위해 라텍스_{LaTex}를 사용하는
방법을 살펴보자.

맷플롯립이 수학적인 텍스트를 렌더링하는 라텍스 스타일을 해석할 수 있도록
컴퓨터에 라텍스를 설치해야 한다. 라텍스 설치가 미흡하다면 이번 예제를 실행
할 수 없다. 라텍스 위키북에서 라텍스 설치에 관한 유용한 설명을 찾을 수 있다
(http://en.wikibooks.org/wiki/LaTeX/Installation).

 라텍스
라텍스는 학계에서 널리 사용하는 문서 작성 시스템이다. 마이크로소프트 워드나 리브레
오피스 라이터 같은 문서 편집기와 달리, 라텍스 사용자는 문서를 편집하는 동안에 최종적
인 문서가 어떻게 생겼는지 볼 수 없다. 평문 텍스트 파일에 저장된 명령어와 텍스트를 혼
합해 문서를 기술한다. 그 다음에는 라텍스는 문서 렌더링을 위한 문서 기술을 해석한다.
라텍스는 꽤 방대한 환경이다. 라텍스는 수학적인 텍스트를 기술하는 특수한 언어다. 이
언어는 공식을 렌더링하는 대신에 간단하게 작성할 수 있어 사실상 표준이 됐으므로 인기
가 있다. 예로, 과학과 공학 커뮤니티에서 이메일과 포럼에 수학적인 텍스트를 작성할 때
라텍스의 공식 언어를 대부분 사용한다.

라텍스를 사용하면 몇몇 텍스트 렌더링은 의외로 간단하다.

```
import numpy as np
import matplotlib.pyplot as plt

X = np.linspace(-4, 4, 1024)
Y = .25 * (X + 4.) * (X + 1.) * (X - 2.)

plt.title('$f(x)=\\frac{1}{4}(x+4)(x+1)(x-2)$')
plt.plot(X, Y, c = 'k')
plt.show()
```

이번 스크립트는 이전 예제에서 했던 것처럼 정확하게 작동하며, 상단에 제목이 있는 그림을 보여준다. 다만 예제의 제목에서 눈치챘겠지만, 제목을 라텍스로 렌더링했으며, 수학적인 표기법을 사용할 수 있다.

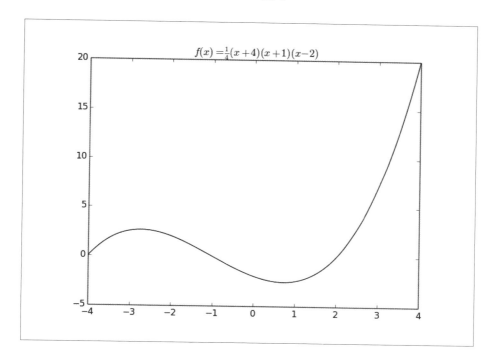

예제 분석

제목을 설정하는 일반적인 방법과 유일한 차이점은 `pyplot.title()`에 문자열을 제시함에 있다. 이 문자열의 시작과 끝은 $ 문자이며, 맷플롯립이 라텍스 스타일인 수학적 텍스트를 해석하고 텍스트로 렌더링하는 신호이다. 그렇다면, 문자열 내용은 단지 표준 라텍스 언어로 작성한 수학적 텍스트다.

라텍스 언어는 확장 문자escape character인 \에 상당히 의존하며, 또한 \는 본래 파이썬용 문자열 확장 문자이다. 따라서 라텍스 텍스트에 \ 문자 하나를 사용하는 곳에서는 파이썬 문자열에 두 번 넣는다. 확장 문자를 어설프게 씀을 피하기 위해, r인 문자열을 앞에 붙일 수 있으며, 어떠한 확장 문자열도 필요가 없다. 즉, '$f(x)=\\frac{1}{4}(x+4)(x+1)(x-2)$'와 r'$f(x)=\frac{1}{4}(x+4)(x+1)(x-2)$'는 동일하다.

 수학적 텍스트를 작성하는 라텍스를 모른다면? 걱정하지 말라. 빠르게 배울 수 있다! 맷플롯립 환경에서는 확실한 안내서를 http://matplotlib.org/users/mathtext.html에서 찾을 수 있다. 또한 http://en.wikibooks.org/wiki/LaTeX/Mathematics에서도 꽤 완벽한 지침서를 발견할 수 있다.

라텍스 표기법 기능은 제목에만 국한하지 않는다. 어떠한 주석에도 사용할 수 있다. 여기서는 제목 텍스트에서 라텍스 표기법을 간단하게 보여준다.

각 축에 레이블 추가

제목을 추가한 후에, 그림의 축을 적절하게 기술한다면 사용자가 그래픽을 이해할 때 꽤 많은 도움을 준다. 이번 예제에서는 그림의 각 축 옆에 레이블을 추가하는 방법을 보여준다.

예제 구현

다음 예제에 보듯이 레이블 주석 추가는 매우 간단하다.

```
import numpy as np
import matplotlib.pyplot as plt

X = np.linspace(-4, 4, 1024)
Y = .25 * (X + 4.) * (X + 1.) * (X - 2.)

plt.title('Power curve for airfoil KV873')
plt.xlabel('Air speed')
plt.ylabel('Total drag')
```

```
plt.plot(X, Y, c = 'k')
plt.show()
```

다음 그림은 3장의 첫 예제에서 얻은 그림과 동일하다. 다만 두 축에 범례를 선보였다.

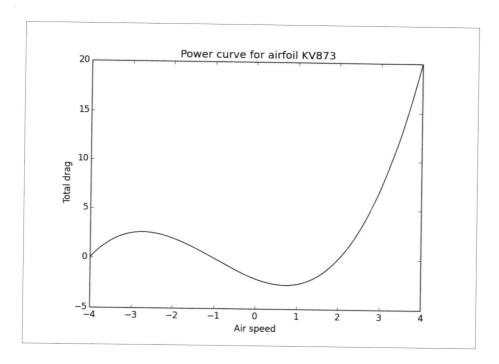

예제 분석

수평 축과 수직 축의 기술을 추가하기 위해 pyplot.xlabel()과 pyplot.ylabel()을 각각 사용한다. pyplot.title() 함수인 경우, 이 함수는 라텍스 표기법을 받아들인다. pyplot.xlabel()과 pyplot.ylabel() 함수는 어떠한 그래픽 유형에도 활용할 수 있으며, 분산형 플롯, 히스토그램 등에 주석을 달기 위해 해당 함수를 사용할 수 있다.

텍스트 추가

지금까지는 특정 위치에 제목과 축 같은 텍스트를 설정하는 방법을 봤다. 이번 예제에서 텍스트 상자를 사용해 임의 위치에 텍스트를 추가하는 방법을 보여준다.

맷플롯립에 텍스트를 표시하는 pyplot.text()라고 하는 매우 유연한 함수가 있다.

```
import numpy as np
import matplotlib.pyplot as plt

X = np.linspace(-4, 4, 1024)
Y = .25 * (X + 4.) * (X + 1.) * (X - 2.)

plt.text(-0.5, -0.25, 'Brackmard minimum')

plt.plot(X, Y, c = 'k')
plt.show()
```

이 스크립트는 곡선 옆에 텍스트를 표시한다.

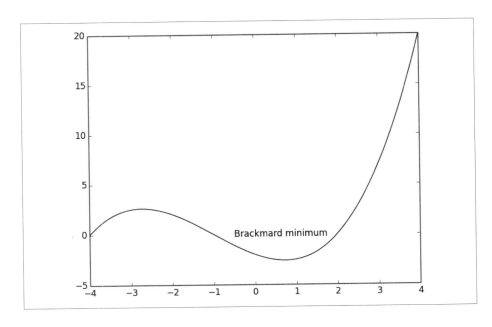

위치와 텍스트를 취해 표시하는 `pyplot.text()` 함수를 사용한다. 그래픽 좌표에 위치가 주어지고, 왼쪽 경계와 텍스트의 기준선 위치를 지정한다.

맷플롯립의 텍스트 렌더링은 매우 유연하다. 사용할 수 있는 중요한 옵션을 살펴보자.

정렬 제어

텍스트를 상자로 감싼다. 이 상자는 상대적으로 `pyplot.text()`에 전달한 좌표에 텍스트를 정렬할 때 사용한다. `verticalaliignment`와 `horizontalalignment` 파라미터(각각 va와 ha의 축약어임)를 사용하면 정렬하는 방법을 제어할 수 있다.

수직 정렬 옵션은 다음과 같다.

- `'center'`: 텍스트 상자의 가운데와 관련이 있다.
- `'top'`: 텍스트 상자의 위쪽과 관련이 있다.
- `'bottom'`: 텍스트 상자의 아래쪽과 관련이 있다.
- `'baseline'`: 텍스트의 기준선과 관련이 있다.

수평 정렬 옵션은 다음과 같다.

- `'center'`: 텍스트 상자의 가운데와 관련이 있다.
- `'left'`: 텍스트 상자의 왼쪽과 관련이 있다.
- `'right'`: 텍스트 상자의 오른쪽과 관련이 있다.

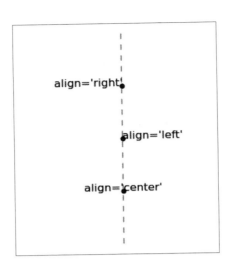

경계 상자 제어

`pyplot.text()` 함수는 딕셔너리를 입력으로 취하는 `bbox` 파라미터를 지원한다. 이 딕셔너리는 텍스트 상자와 관련한 다양한 설정을 정의한다. 예는 다음과 같다.

```
import numpy as np
import matplotlib.pyplot as plt

X = np.linspace(-4, 4, 1024)
Y = .25 * (X + 4.) * (X + 1.) * (X - 2.)

box = {
  'facecolor': '.75',
  'edgecolor': 'k',
  'boxstyle': 'round'
}

plt.text(-0.5, -0.20, 'Brackmard minimum', bbox = box)

plt.plot(X, Y, c='k')
plt.show()
```

앞 코드는 다음과 같은 결과를 보여준다.

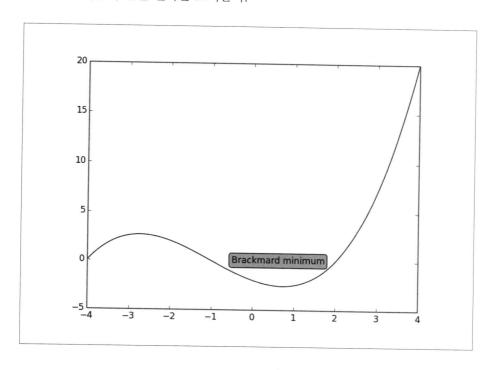

딕셔너리는 다음과 같이 키-값 쌍을 정의해 bbox 파라미터에 전달한다.

- 'facecolor': 상자에 사용하는 컬러다. 배경과 가장자리 컬러edge color를 설정할 때 사용한다.

- 'edgecolor': 상자 모양의 에지에 사용하는 컬러다.

- 'alpha': 상자와 배경을 혼합하기 위해 투명도를 설정할 때 사용한다.

- 'boxstyle': 'round'와 'square' 중 하나로 상자 스타일을 설정한다.

- 'pad': 'boxstyle'을 'square'로 설정할 때, 텍스트와 상자 옆 사이를 채울 용량을 정의한다.

화살표 추가

그림에 주석을 담을 때 텍스트 상자 추가는 도움이 될 수 있다. 하지만 그림의 특정 부분을 보여줄 때는 화살표 사용보다 나은 것이 없다. 이번 예제에서 그림에 화살표를 추가하는 방법을 보여준다.

맷플롯립에 다음 코드 조각과 같이 pyplot.annotate() 함수로 화살표를 그리는 함수가 있다.

```
import numpy as np
import matplotlib.pyplot as plt

X = np.linspace(-4, 4, 1024)
Y = .25 * (X + 4.) * (X + 1.) * (X - 2.)

plt.annotate('Brackmard minimum',
ha = 'center', va = 'bottom',
xytext = (-1.5, 3.),
xy = (0.75, -2.7),
arrowprops = { 'facecolor': 'black', 'shrink': 0.05 })

plt.plot(X, Y)
plt.show()
```

다음 그래프에 보듯이, 이 스크립트는 곡선에 텍스트와 화살표로 주석을 단다.

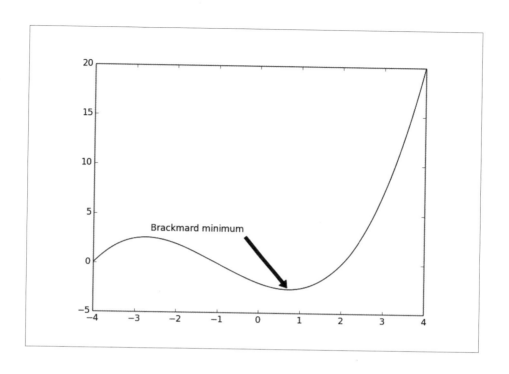

예제 분석

pyplot.annoate() 함수는 pyplot.text()와 같이 동일한 선에서 수행해 텍스트를 보여준다. 다만 화살표도 렌더링했다. 첫 파라미터인 텍스트를 표시한다. xy 파라미터는 화살표의 목적지를 설정한다. xytext 파라미터는 텍스트 위치를 지정한다. pyplot.text()와 비슷하게 horizontalaliggnment와 verticalalignment 파라미터를 통해 텍스트 정렬을 수행할 수 있다. shrink 파라미터는 화살표의 끝점과 화살표 자체 사이의 간격을 제어한다.

화살표 모습은 딕셔너리로 제어하며, 해당 딕셔너리를 arrowprops 파라미터로 전달한다.

● 'arrowstyle': 이 파라미터는 '<-', '<', '-', 'wedge', 'simple'로서 화살표의 스타일을 제어한다.

- 'facecolor': 화살표에 사용하는 컬러다. 배경과 가장자리 컬러를 설정할 때 사용한다.
- 'edgecolor': 화살표 모양의 가장자리에 사용하는 컬러다.
- 'alpha': 화살표와 배경을 혼합하기 위해 투명도를 설정할 때 사용한다.

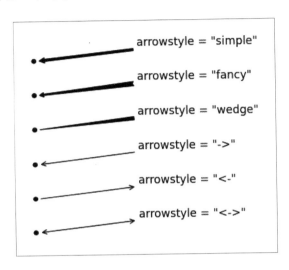

범례 추가

적절한 그림은 자체 범례 없이는 완벽하지 않다. 맷플롯립은 아주 적은 노력으로 범례를 생성할 수 있는 방법을 제공한다. 이번 예제에서 그래프에 범례를 추가하는 방법을 보여준다.

예제 구현

이번 예제 경우에는 선택적인 파라미터인 label과 마찬가지로 pyplot.legend() 함수를 사용한다.

```
import numpy as np
import matplotlib.pyplot as plt

X = np.linspace(0, 6, 1024)
Y1 = np.sin(X)
Y2 = np.cos(X)

plt.xlabel('X')
plt.ylabel('Y')

plt.plot(X, Y1, c = 'k', lw = 3., label = 'sin(X)')
plt.plot(X, Y2, c = '.5', lw = 3., ls = '--', label = 'cos(X)')

plt.legend()
plt.show()
```

앞 코드는 다음과 같은 결과를 보여준다.

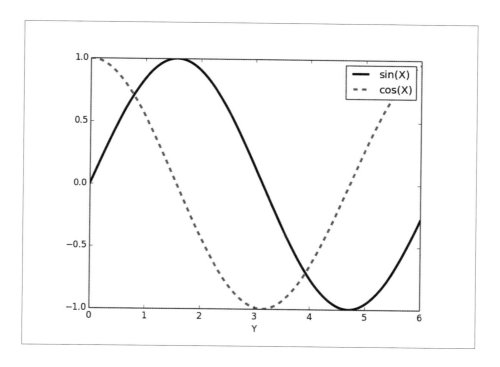

각 `pyplot` 함수는 곡선, 히스토그램 등 같은 요소에 이름을 붙이는 선택적인 `label` 파라미터를 갖는다. 맷플롯립은 이런 레이블을 추적한다. `pyplot.legend()` 함수는 범례를 렌더링한다. 레이블로부터 자동으로 범례를 생성한다.

`pyplot.legend` 함수는 범례 모습을 제어하는 흥미로운 몇 가지 파라미터를 갖는다.

- `'loc'`: 범례 위치다. 기본값은 `'best'`로서 자동으로 배치한다. 다른 유효한 값은 `'upper left'`, `'lower left'`, `'lower right'`, `'right'`, `'center left'`, `'center right'`, `'lower center'`, `'upper center'`, `'center'`다.
- `'shadow'`: `True` 또는 `False` 중 하나이며, 범례에 음영 효과를 렌더링한다.
- `'fancybox'`: `True` 또는 `False` 중 하나이며, 범례에 모서리가 둥근 사각형 상자를 렌더링한다.
- `'title'`: 파라미터로 전달한 제목을 범례에 렌더링한다.
- `'ncol'`: 범례의 열 개수가 전달한 값이 되도록 강제로 지정한다.

격자 추가

그래프를 준비할 때, 그림의 어떤 부분 좌표를 빠르게 추측할 필요가 있을 수 있다. 그림에 격자를 추가하는 것은 그림의 가독성을 개선하는 자연스러운 방법이다. 이번 예제에서 그림에 격자를 추가하는 방법을 보여준다.

pyplot.grid() 함수로 맷플롯립의 격자 기능을 제어한다.

```
import numpy as np
import matplotlib.pyplot as plt

X = np.linspace(-4, 4, 1024)
Y = .25 * (X + 4.) * (X + 1.) * (X - 2.)

plt.plot(X, Y, c = 'k')
plt.grid(True, lw = 2, ls = '--', c = '.75')
plt.show()
```

이 스크립트는 배경 안에서 곡선을 격자와 함께 보여준다. 다음 그림과 같이 축의
범례 눈금에 격자를 정렬한다.

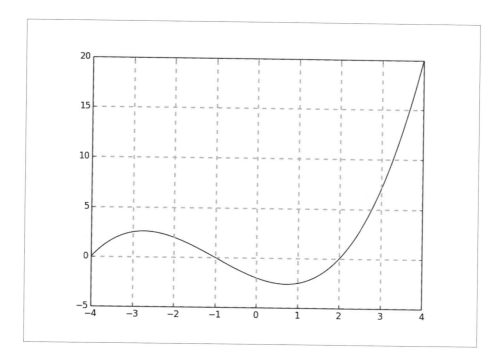

격자 추가는 `pyplot.grid()`를 인자인 `True`로 호출한 것과 동일하다. 격자는 선으로 구성하며, 엄밀히 말하자면 `pyplot.grid()`는 `linewidth`, `linestyle` 혹은 `color` 같은 선 스타일 파라미터를 받아들인다. 이 파라미터는 격자를 그릴 때 사용하는 선에 적용한다.

선 추가

의도적으로 아주 특별하게 설정해야 할 때는 맷플롯립이 제공하는 그림이 아예 도움이 안 될 수 있다. 맷플롯립이 만든 모든 그래프는 기본 원시 요소로 구성한다. 상자플롯의 컬러를 변경하는 방법을 보여줄 때, 대부분 맷플롯립 플롯팅 함수는 선과 모양 집합을 반환함을 언급한다. 자, 기본 원시 요소인 선을 직접 사용하는 방법을 입증한다.

다음 스크립트는 단순하지만 독립적인 선으로 만든 미학적인 패턴을 보여준다.

```
import matplotlib.pyplot as plt

N = 16
for i in range(N):
  plt.gca().add_line(plt.Line2D((0, i), (N - i, 0), color = '.75'))

plt.grid(True)
plt.axis('scaled')
plt.show()
```

앞 코드는 다음과 같은 결과를 제시한다.

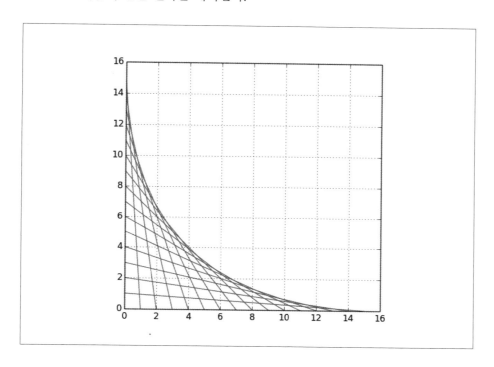

이번 스크립트에서 16개의 독립적인 선을 그렸다. pyplot.Line2D() 함수는 새
로운 Line2D 객체를 생성한다. 필수 파라미터는 선의 끝점이다. 선택적인 파라미
터는 이전에 선 기반 그림을 위해 보여줬던 모든 파라미터다. 따라서 linestyle,
linewidth, marker, markersize, color 등을 사용할 수 있다.

pyplot.Line2D() 함수는 선을 만들지만, 직접 명시적으로 요청하기까지는 선을
렌더링하지 않는다. pyplot.gca().add_line() 함수를 사용해 수행할 수 있다.
pyplot.gca() 함수는 렌더링하려는 것을 추적하는 역할을 하는 객체를 반환한다.
gca().add_line()을 호출하면 선을 렌더링하라는 신호를 단순히 보낸다.

`pyplot.axis('scaled')` 함수는 등분 눈금_{uniform scale}을 그림에 사용함을 보장하도록 요구한다. x축과 y축 위에 동일 배율인 눈금을 사용한다. 기본 동작인 'tight'와 대비되는데, 그림에 맞게끔 x축과 y축에 다른 배율을 제공해 가능한 빽빽하게 해 표면을 표시한다. 이 기능은 4장에서 설명한다.

모양 추가

기본 원시 요소로 자신만의 그림을 만들려면 선은 시작하기엔 좋은 방법이지만, 그리다 보면 십중팔구 많은 모양이 필요하다. 모양 렌더링은 선을 렌더링할 때와 마찬가지로 같은 선을 따라 수행한다. 이번 예제에서 그림에 모양을 추가하는 방법을 보여준다.

다음 스크립트에서 여러 모양을 생성하고 렌더링한다. 어떤 모양을 렌더링하는지를 주석으로 보여준다.

```
import matplotlib.patches as patches
import matplotlib.pyplot as plt

# 원
shape = patches.Circle((0, 0), radius = 1., color = '.75')
plt.gca().add_patch(shape)

# 직사각형
shape = patches.Rectangle((2.5, -.5), 2., 1., color = '.75')
plt.gca().add_patch(shape)

# 타원
shape = patches.Ellipse((0, -2.), 2., 1., angle = 45., color =
  '.75')
plt.gca().add_patch(shape)
```

```
# 장식 상자
shape = patches.FancyBboxPatch((2.5, -2.5), 2., 1., boxstyle =
    'sawtooth', color = '.75')
plt.gca().add_patch(shape)

# 모두 표시
plt.grid(True)
plt.axis('scaled')
plt.show()
```

다음 그림과 같이 네 가지 다른 모양을 결과로 표시했다.

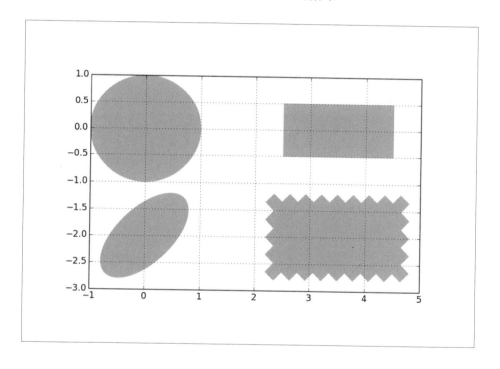

모양을 표시함에 있어 문제가 없으며, 원리는 동일하다. 내부적으로 맷플롯립 API
의 패치patch라는 경로로 모양을 기술한다. matplotlib.patches 모듈에서 모양의

여러 유형에 대한 경로를 활용할 수 있다. 사실 이 모듈은 모든 그림에 사용하는 패치를 포함한다. 선인 경우, 선을 렌더링하기엔 충분하지 않은 경로를 생성한다. 선을 렌더링하도록 신호를 보내야 하는데, `pyplot.gca().add_patch()`로 수행한다.

많은 경로 생성자를 활용할 수 있다. 예제에서 사용하는 경로 생성자를 검토해보자.

- **원**: 중심점 좌표와 반경을 파라미터로 취한다.
- **직사각형**: 하단 왼쪽 코너의 좌표와 크기를 파라미터로 취한다.
- **타원**: 중심점 좌표와 두 축 간의 절반 길이를 파라마터로 취한다.
- **장식 상자**FancyBox: 직사각형과 비슷하지만 선택적인 boxstyle 파라미터 ('larrow', 'rarrow', 'round', 'round4', 'roundtooth', 'sawtooth', 'square' 중 하나)를 취한다.

부연 설명

사전에 정의한 모양과 별개로, 다각형polygon을 사용해 모양을 임의로 만들 수 있다.

다각형으로 작업
점 목록으로 정의되는 다각형은 대부분 경로보다 더 복잡하다.

```
import numpy as np
import matplotlib.patches as patches
import matplotlib.pyplot as plt

theta = np.linspace(0, 2 * np.pi, 8)
points = np.vstack((np.cos(theta), np.sin(theta))).transpose()

plt.gca().add_patch(patches.Polygon(points, color = '.75'))

plt.grid(True)
plt.axis('scaled')
plt.show()
```

앞 스크립트는 다음 다각형을 결과로 제공한다.

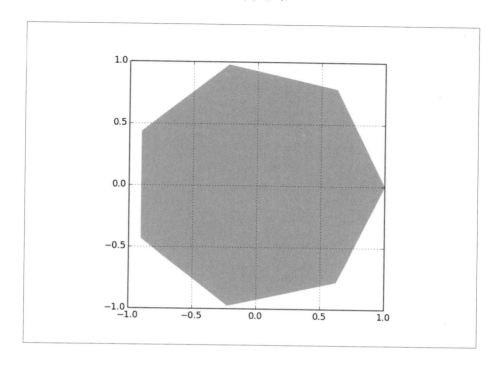

Matplotlib.patches.Ploygon() 생성자는 좌표 목록 즉 다각형의 꼭지점을 입력으로 취한다.

경로 속성으로 작업

모든 경로는 이미 전에 살펴봤던 linewidth, linestyle, edgecolor, facecolor, hatch 등인 여러 속성을 가지며, 다음과 같다.

```
import numpy as np
import matplotlib.patches as patches
import matplotlib.pyplot as plt

theta = np.linspace(0, 2 * np.pi, 6)
points = np.vstack((np.cos(theta), np.sin(theta))).transpose()
```

```
plt.gca().add_patch(plt.Circle((0, 0), radius = 1., color =
  '.75'))
plt.gca().add_patch(plt.Polygon(points, closed=None, fill=None,
  lw = 3., ls = 'dashed', edgecolor = 'k'))

plt.grid(True)
plt.axis('scaled')
plt.show()
```

다음 그래프는 앞 코드의 결과다.

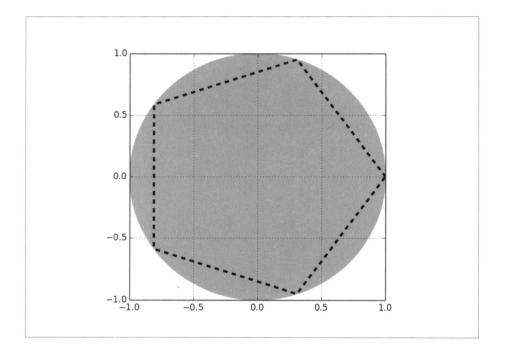

여기서 여러 선 객체를 생성할 필요 없이 다각형 윤곽을 그리기 위해, 채우지 않은 다각형(fill = None)을 점선 가장자리(ls = 'dashed')와 함께 사용했다. 단지 경로 속성을 갖고 다룸으로써 다양한 효과를 달성할 수 있다.

눈금 간격 제어

맷플롯립에서 눈금은 그림의 양 축에 놓인 작은 표식이다. 지금까지는 맷플롯립으로 축 범례의 눈금 위치를 다뤘다. 이번 예제에서 보겠지만, 이 메커니즘을 직접 재정의할 수 있다.

이번 스크립트에서 x축의 눈금 사이 간격을 조작한다.

```
import numpy as np
import matplotlib.pyplot as plt
import matplotlib.ticker as ticker

X = np.linspace(-15, 15, 1024)
Y = np.sinc(X)

ax = plt.axes()
ax.xaxis.set_major_locator(ticker.MultipleLocator(5))
ax.xaxis.set_minor_locator(ticker.MultipleLocator(1))

plt.plot(X, Y, c = 'k')
plt.show()
```

이제 일반 눈금 사이에 있는 더 작은 눈금을 볼 수 있다.

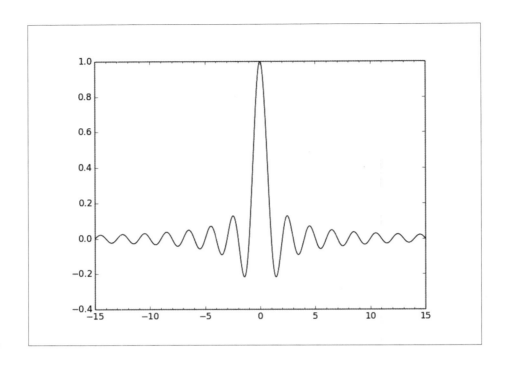

5단위의 단계로 나타나도록 수평 눈금을 강제로 지정했다. 게다가 1단위 단계로 나타나는 작은 눈금도 추가했다. 그렇게 하려면 다음 단계를 수행한다.

1. Axes 객체의 인스턴스를 얻는다. 이 객체는 그림의 축을 관리한다. 이것은 ax = plot.axes()의 목적이다.

2. x축(ax.xaxis) 경우, 큰 눈금과 작은 눈금 모두에 대한 Locator 인스턴스를 설정한다.

격자를 추가하고 싶다면, 다음과 같이 작은 눈금을 고려할 수 있다.

```
import numpy as np
import matplotlib.pyplot as plt
import matplotlib.ticker as ticker

X = np.linspace(-15, 15, 1024)
Y = np.sinc(X)

ax = plt.axes()
ax.xaxis.set_major_locator(ticker.MultipleLocator(5))
ax.xaxis.set_minor_locator(ticker.MultipleLocator(1))

plt.grid(True, which='both')
plt.plot(X, Y)
plt.show()
```

앞 코드 조각은 다음과 같은 결과를 보여준다.

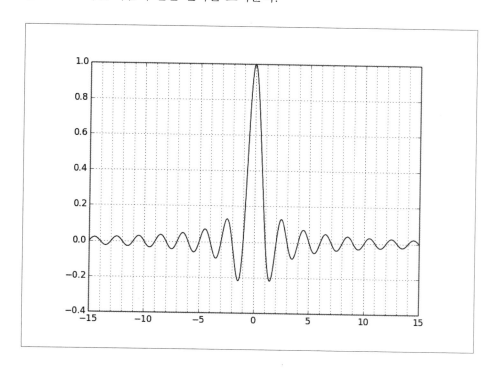

앞에서 보듯이, `pyplot.grid()`로 격자를 추가할 수 있다. 이 함수는 선택적인 파라미터인 `which`를 취한다. 세 가지 값인 `'minior'`, `'major'`, `'both'`를 받을 수 있다. 표시해야 할 격자가 어떤 눈금에 있을지 결정한다.

눈금 레이블 붙이기 제어

눈금 레이블은 그림 공간 내 좌표다. 상당수인 경우에 들어 맞겠지만, 늘 충분하지 않다. 예를 들어 막대 차트가 10개 나라의 중간 소득을 보여준다고 상상하자. 각 막대 아래에 막대 좌표 대신에 나라 이름을 보고 싶다. 시계열인 경우, 몇몇 절대 좌표 대신에 날짜를 보고 싶다. 맷플롯립은 이에 대해 정확히는 포괄적인 API를 제공한다. 이번 예제에서 눈금 레이블 붙이기 제어하는 방법을 보여준다.

예제 구현

표준 맷플롯립 눈금 API를 사용해 막대 차트의 눈금(또는 그래픽의 다른 어떤 유형)을 설정하는 작업은 다음과 같다.

```
import numpy as np
import matplotlib.ticker as ticker
import matplotlib.pyplot as plt

name_list = ('Omar', 'Serguey', 'Max', 'Zhou', 'Abidin')
value_list = np.random.randint(0, 99, size = len(name_list))
pos_list = np.arange(len(name_list))

ax = plt.axes()
ax.xaxis.set_major_locator(ticker.FixedLocator((pos_list)))
ax.xaxis.set_major_formatter(ticker.FixedFormatter((name_list)))

plt.bar(pos_list, value_list, color = '.75', align = 'center')
plt.show()
```

막대 차트의 각 막대는 고유한 눈금과 범례를 갖는다.

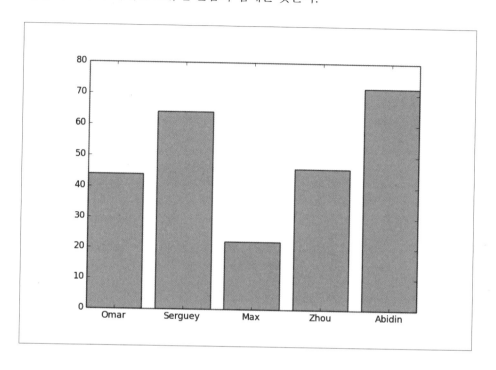

예제 분석

눈금의 위치를 생성하는 ticker.Locater를 보았다. ticker.Formatter 객체 인스턴스는 눈금용 레이블을 생성한다. 여기서 사용했던 Formatter 인스턴스는 FixedFormatter이며, 문자열 목록에서 레이블을 가져온다. 그 다음에는 Formatter 인스턴스로 x축을 설정한다. 이번 특별한 예제에서는 눈금의 가운데에 각 막대가 오른쪽에 있도록 보장하는 FixedLocator도 사용했다.

부연 설명

이번 주제의 근처에 살짝 다가갔다. 눈금에 대해 훨씬 많이 알아보자.

고정 레이블이 있는 막대 차트를 생성하는 더 간편한 방법

막대 차트의 고정 레이블에 관한 특정한 경우에서 축약어를 활용할 수 있다.

```
import numpy as np
import matplotlib.pyplot as plt

name_list = ('Omar', 'Serguey', 'Max', 'Zhou', 'Abidin')
value_list = np.random.randint(0, 99, size = len(name_list))
pos_list = np.arange(len(name_list))

plt.bar(pos_list, value_list, color = '.75', align = 'center')
plt.xticks(pos_list, name_list)
plt.show()
```

앞 코드 조각은 다음과 같은 막대 차트를 제공한다.

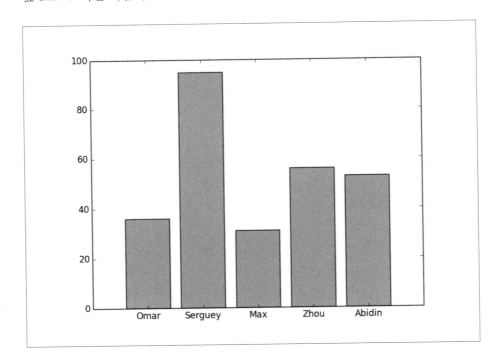

눈금 API를 사용하는 대신에 눈금 집합에 고정 레이블을 제공하는 `pyplot.xticks()` 함수를 사용한다. 이 함수는 위치 리스트와 이름 리스트를 파라미터로 취한다. 결과는 이전 예제와 동일하며, 단지 훨씬 짧아졌고 기억하기 더 쉽다.

고급 레이블 생성

눈금 API의 핵심이 레이블에 관련한 축약어라면 어떨까? 다음과 같이 각 축의 고정 레이블을 보여줄 때 눈금 API로 그렇게 하는 것이 좋을 수 있다.

```
import numpy as np
import matplotlib.pyplot as plt
import matplotlib.ticker as ticker

def make_label(value, pos):
  return '%0.1f%%' % (100. * value)

ax = plt.axes()
ax.xaxis.set_major_formatter(ticker.FuncFormatter(make_label))

X = np.linspace(0, 1, 256)

plt.plot(X, np.exp(-10 * X), c ='k')
plt.plot(X, np.exp(-5 * X), c= 'k', ls = '--')

plt.show()
```

앞 코드 조각은 다음과 같은 결과를 보여준다.

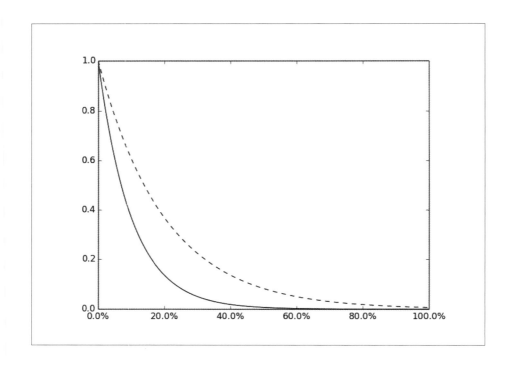

이번 예제에서 사용자 정의 함수인 make_label로 눈금을 생성했다. 이 함수는 눈금 좌표를 입력으로 취한 후 문자열을 생성한다. 여기서는 퍼센트이다. 맷플롯립이 얼마나 많은 눈금을 보여줄지를 결정하는 것과는 상관없으므로, 레이블을 제대로 생성할 수 있다. 이는 고정된 문자열 목록을 제공하는 것 보다 더 유연하다. 여기서 유일한 새로운 사항은 함수를 파라미터로 취하는 형식기formatter인 FuncFormater이다.

레이블을 생성하는 실제 작업을 함수에 맡기는 방식을 위임delegation이라고 부른다. 이번 위임은 make_label이다. 위임은 멋진 프로그래밍 기법이다. 예로, 각 축에 날짜를 표시하길 원한다면 표준 파이썬 시간과 날짜 함수를 사용해 수행할 수 있다.

```
import numpy as np
import datetime
import matplotlib.pyplot as plt
import matplotlib.ticker as ticker
```

```
start_date = datetime.datetime(1998, 1, 1)

def make_label(value, pos):
    time = start_date + datetime.timedelta(days = 365 * value)
    return time.strftime('%b %y')

ax = plt.axes()
ax.xaxis.set_major_formatter(ticker.FuncFormatter(make_label))

X = np.linspace(0, 1, 256)
plt.plot(X, np.exp(-10 * X), c = 'k')
plt.plot(X, np.exp(-5 * X), c = 'k', ls = '--')

labels = ax.get_xticklabels()
plt.setp(labels, rotation = 30.)
plt.show()
```

앞 코드 조각은 다음과 같은 결과를 보여준다.

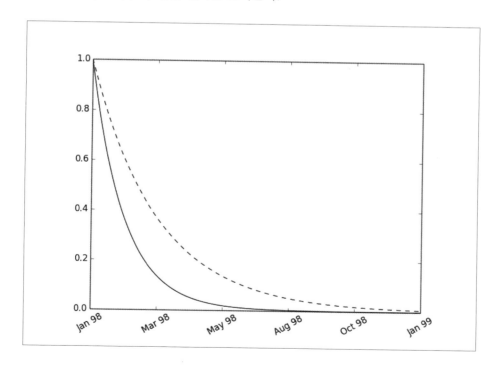

지금 각 눈금이 사람이 읽기 쉬운 방식인 날짜 형식으로 나타났다. 이 FuncFormatter를 사용한 방법은 이전에 사용했던 방법과 동일하다. 이 레이블 생성 함수인 FuncFormatter에서 눈금의 위치를 날짜로 변환했으며, datetime 표준 모델에 감사한다. 여기서 [0, 1] 범위의 값을 1998년으로 사상했다. datetime 모듈은 레이블 자체를 만들 때 사용하는 강력한 형식화 함수인 strftime도 제공한다.

4

그림 사용

4장에서는 다음과 같은 내용을 다룬다.

- 여러 그림 조합
- 양 축을 동일하게 크기 조정
- 축 범위 설정
- 종횡비 설정
- 부그림subfigure 삽입
- 대수 척도logarithmic scale 사용
- 극좌표 사용

소개

과학 플롯 패키지 설계는 다뤄야 하는 범위가 매우 다양하기 때문에 벅찬 작업이다. 한편으로 이상적으로는 그림이 어떤 종류이든지 생성할 때 최소한의 코딩으로 만지작거리면서도 가능해야 한다. 다른 한편으로는 그림이 어떤 모습을 갖도록 사용자가 정의하고 싶을 수 있다. 두 목표는 정반대다. 맷플롯립은 두 목표 간의 흔치 않은 균형을 제공한다. 4장에서는 사용되는 좌표계를 변경하는 것처럼 판에 박은 그림의 기본 모습을 수정하는 방법을 살펴본다.

여러 그림 조합

몇몇 데이터를 조사할 때, 데이터의 여러 측면을 한눈에 보고 싶을 수 있다. 예로 세 가지 별개의 그래프인 한 나라의 인구 통계 데이터로부터 남녀 연령 피라미드, 자산 분배, 연도별 인구 크기를 보고 싶다. 맷플롯립은 여러 그림을 함께 조합하는 가능성을 제공한다. 버전이 1.2부터는 조합 API를 사용하면 정말 편리하다. 이번 예제에서 여러 그림을 조합하는 방법을 보여준다.

예제 구현

다음과 같이 pyplot.subpot2grid() 함수를 사용한다.

```
import numpy as np
from matplotlib import pyplot as plt

T = np.linspace(-np.pi, np.pi, 1024)

grid_size = (4, 2)

plt.subplot2grid(grid_size, (0, 0), rowspan = 3, colspan = 1)
plt.plot(np.sin(2 * T), np.cos(0.5 * T), c = 'k')

plt.subplot2grid(grid_size, (0, 1), rowspan = 3, colspan = 1)
```

```
plt.plot(np.cos(3 * T), np.sin(T), c = 'k')

plt.subplot2grid(grid_size, (3, 0), rowspan=1, colspan=3)

plt.plot(np.cos(5 * T), np.sin(7 * T), c= 'k')

plt.tight_layout()
plt.show()
```

다음과 같이 세 가지 그림을 그렸으며, 그래픽을 세 영역으로 나눈다.

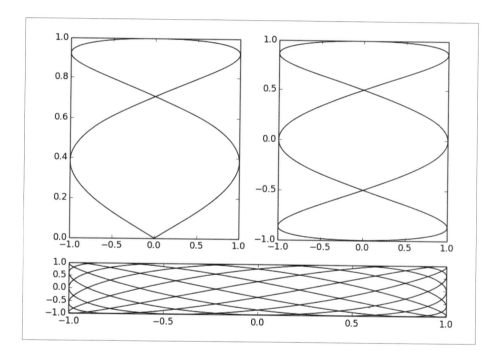

예제 분석

`pyplot.subplot2grid()`에 숨긴 아이디어는 R행과 C열의 격자를 정의함에 있다. 그러면 격자의 직사각형 조각에 그림을 렌더링할 수 있다.

`pyplot.subplot2grid()` 함수는 네 가지 파라미터를 갖는다.

- 첫 번째 파라미터는 격자의 열과 행 숫자이며, 튜플_{tuple}로 넘긴다. R행과 C열의 결자를 원한다면 (R, C)를 전달한다.

- 두 번째 파라미터는 격자 내 좌표인 행과 열이며, 물론 튜플로 넘긴다.

- 선택적인 파라미터인 rowspan은 그림을 몇 개 행으로 넓힐지 정의한다.

- 선택적인 파라미터인 colspan은 그림을 몇 개 열로 넓힐지 정의한다.

일단 `pyplot.subplot2grid()`를 호출했다면, 지정한 직사각형 영역 안에 그림을 정의하도록 pyplot을 또 다시 호출한다. 다른 영역에 있는 다른 그림을 렌더링하기 위해 `pyplot.subplot2grid()` 함수를 다시 호출한다.

이번 예제 스크립트에서 2×4 격자를 정의한다. 두 상단 그림은 1열과 3행에 걸쳐 있다. 따라서 거의 한 전체 열을 각각 채운다. 세 번째 그림은 2열에 걸쳐 있지만 1행뿐이므로, 하단 행을 채운다. 그림을 기술한 다음에는 `pyplot.tight_layout()`을 호출한다. 이 명령어는 모든 그림을 서로 겹치지 않게끔 채우도록 맷플롯립에 요청한다.

부연 설명

`pyplot.title()`이 그림에 제목을 추가함을 봤었다. 다음 예제에서는 각 부그림에 제목을 넣기 위해 `pyplot.title()`을 사용한다.

```
import numpy as np
from matplotlib import pyplot as plt

def get_radius(T, params):
  m, n_1, n_2, n_3 = params
  U = (m * T) / 4

  return (np.fabs(np.cos(U)) ** n_2 + np.fabs(np.sin(U)) ** n_3) **
(-1. / n_1)
```

```
grid_size = (3, 4)
T = np.linspace(0, 2 * np.pi, 1024)

for i in range(grid_size[0]):
  for j in range(grid_size[1]):
    params = np.random.random_integers(1, 20, size = 4)
    R = get_radius(T, params)

    axes = plt.subplot2grid(grid_size, (i, j), rowspan=1, colspan=1)
    axes.get_xaxis().set_visible(False)
    axes.get_yaxis().set_visible(False)

    plt.plot(R * np.cos(T), R * np.sin(T), c = 'k')
    plt.title('%d, %d, %d, %d' % tuple(params), fontsize = 'small')

plt.tight_layout()
plt.show()
```

다음 그래픽은 각각 제목을 갖는 12개의 그림을 포함한다.

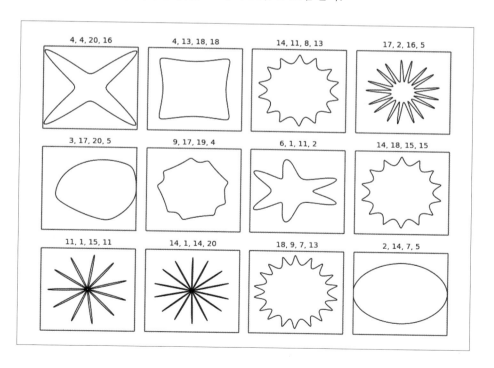

pyplot.title() 함수는 한 부그림의 제목을 제공한다. 전체 그래픽에 대한 제목이 하나 필요하다면, pyplot.suptitle()을 사용해야 하며, 여기서 subtitle은 SUPerior TITLE(상위 제목)을 의미한다.

그림을 조합하는 다른 방법

여기서 소개하는 서브플롯subplot 메커니즘은 매우 일반적이며, 복잡한 배치를 생성할 수 있게 해준다. 한 행이나 한 열에 몇 개 그림이 있어야 한다면, 다음과 같이 더 간단한 코드를 사용할 수 있다.

```
import numpy as np
from matplotlib import pyplot as plt

T = np.linspace(-np.pi, np.pi, 1024)

fig, (ax0, ax1) = plt.subplots(ncols =2)
ax0.plot(np.sin(2 * T), np.cos(0.5 * T), c = 'k')
ax1.plot(np.cos(3 * T), np.sin(T), c = 'k')

plt.show()
```

pyplot.subplots()를 호출한 후에는 다음 그림에서 보듯이 두 부그림을 나란히 생성했다.

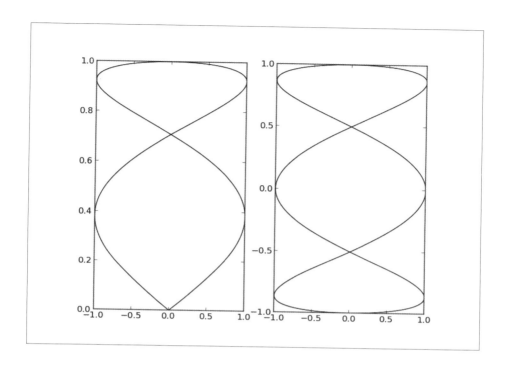

pyplot.subplot() 함수는 두 선택적인 파라미터인 ncols와 nrow를 취하며, Axes의 ncols * nrows 인스턴스가 들어 있는 Figure 객체를 반환한다. Axes 인스턴스는 nrows 행과 ncols 열의 격자로 배치하며, 격자 배치를 매우 쉽게 생성토록 해준다.

양 축을 동일하게 크기 조정

맷플롯립은 그림의 양 축에 대한 다른 크기를 기본적으로 사용한다. 이번 예제에서 그림의 두 축에 대해 같은 크기를 사용하는 방법을 보여준다.

이 작업을 수행하려면 다음 코드와 같이 pyplot API와 Axes축을 갖고 해야 한다.

```
import numpy as np
import matplotlib.pyplot as plt

T = np.linspace(0, 2 * np.pi, 1024)

plt.plot(2. * np.cos(T), np.sin(T), c = 'k', lw = 3.)
plt.axes().set_aspect('equal')

plt.show()
```

앞 코드는 다음처럼 타원을 실제 종횡비aspect ratio로 그린다.

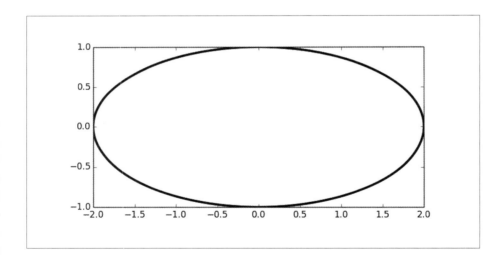

이번 예제에서 큰 축이 작은 축의 길이 2배인 타원을 표시한다. 사실 렌더링한 타원은 해당 비율에 따른다.

`pyplot.axes()` 함수는 Axes 객체의 인스턴스를 반환한다. 이 객체는 축을 담당한다. Axes 인스턴스는 `set_aspect` 메소드를 갖는데, `'equal'`을 설정한다. 이제는 양 축은 동일한 크기를 사용한다. 같은 모습을 사용하지 않았다면 그림이 달라진다.

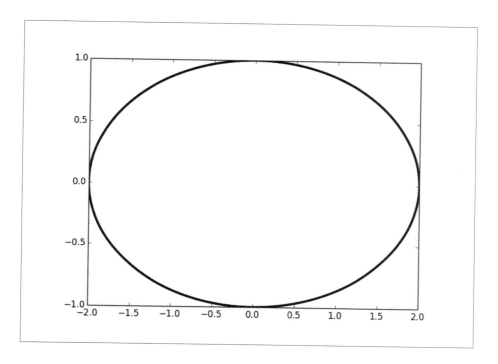

앞 그림은 여전히 종횡비가 변형된 타원이다.

축 범위 설정

기본적으로 맷플롯립은 양 축에 있는 데이터의 최소와 최대를 찾은 후 범위로 사용해 데이터를 그린다. 하지만 가끔은 데이터의 극값을 더 잘 보려고 범위를 수동으로 설정함을 선호할 수 있다. 이번 예제에서 축 범위를 설정하는 방법을 보여준다.

pyplot API는 다음과 같이 한 축의 범위를 직접 설정하는 함수를 제공한다.

```
import numpy as np
import matplotlib.pyplot as plt

X = np.linspace(-6, 6, 1024)

plt.ylim(-.5, 1.5)
plt.plot(X, np.sinc(X), c = 'k')
plt.show()
```

앞 스크립트는 곡선을 그린다. 다음 그림과 같이 기본 설정과 현저히 다르게 그래픽은 곡선을 완벽하게 맞추지 않으며 곡선의 위쪽에 일부 공간이 있다.

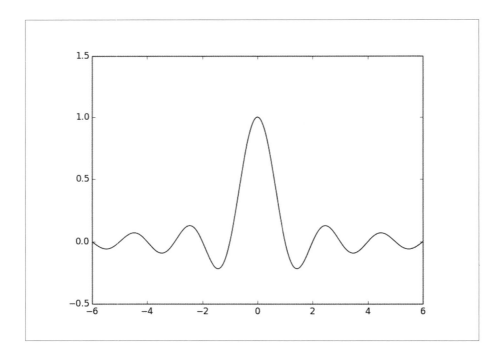

`pyplot.xlim()`과 `pyplot.ylim()` 파라미터는 각각 x축과 y축의 범위를 제어토록 해준다. 이 파라미터는 최대값과 최소값이다.

종횡비 설정

학술 잡지나 웹사이트용 그림을 준비할 때 특정 종횡비를 갖는 그림이 필요할 수 있다. 이번 예제에서 그림의 종횡비를 제어하는 방법을 보여준다.

pyplot API는 다음과 같이 사용자 정의 종횡비를 직접 설정하는 함수를 제공한다.

```
import numpy as np
import matplotlib.pyplot as plt

X = np.linspace(-6, 6, 1024)
Y1, Y2 = np.sinc(X), np.cos(X)

plt.figure(figsize=(10.24, 2.56))
plt.plot(X, Y1, c='k', lw = 3.)
plt.plot(X, Y2, c='.75', lw = 3.)

plt.show()
```

다음 그림의 종횡비는 기본적으로 생성했던 그림과 많은 차이가 있다.

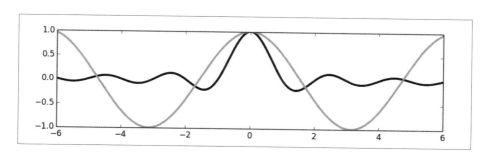

새로운 Figure 인스턴스를 생성하는 pyplot.figure() 함수를 사용한다. Figure 객체는 그림 전체를 표현한다. 보통 뒷단에서 암시적으로 Figure 객체를 생성한다. 하지만 Figure 객체를 명시적으로 생성함으로써 그림을 종횡비를 포함한 다양한 측면을 제어할 수 있다. figsize 파라미터는 그림 크기를 지정토록 해준다. 이번 예제에서 4:1 종횡비를 전달해 수평 크기를 수직 크기의 4배만큼 설정했다.

부그림 삽입

작은 그림을 삽입한다면, 내장한 그림은 그림의 세부 사항을 보여줄 때나 혹은 더 일반적으로 그래픽의 특정 부분을 강조할 때 도움이 될 수 있다. 이번 예제에서 그림에 부그림을 넣는 방법을 보여준다.

맷플롯립은 그림의 어떤 곳에 부영역을 생성하고, 그림을 부영역에 할당토록 해준다. 다음 예제에서 곡선의 세부 사항을 보여주기 위해 부영역을 생성한다.

```
import numpy as np
from matplotlib import pyplot as plt

X = np.linspace(-6, 6, 1024)
Y = np.sinc(X)

X_detail = np.linspace(-3, 3, 1024)
Y_detail = np.sinc(X_detail)

plt.plot(X, Y, c = 'k')

sub_axes = plt.axes([.6, .6, .25, .25])
sub_axes.plot(X_detail, Y_detail, c = 'k')
plt.setp(sub_axes)

plt.show()
```

그림의 상단 오른쪽에 부영역을 보여준다.

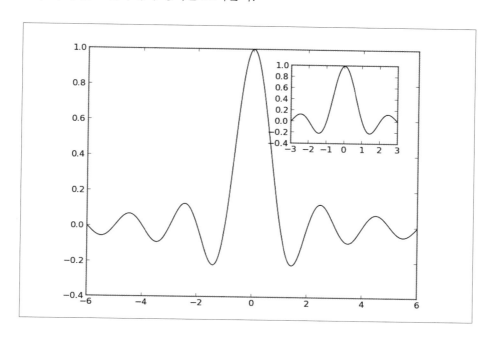

다음과 같이 그림 위에 부영역 생성부터 시작한다.

```
sub_axes = plt.axes([.6, .6, .25, .25])
```

이 영역은 그림별 좌표에 있다. 즉, 그림 전체의 (0,0)은 하단 왼쪽 코너이고, (1,1)은 상단 오른쪽 코너이다. 4개 값인 영역 하단 왼쪽 코너의 좌표와 영역 크기로 부영역을 정의한다.

일단 부영역을 정의하면, 그림을 생성한 곳의 Axes 인스턴스를 갖는다. 그런 후에 다음처럼 Axes 인스턴스를 갖고 pyplot.setp()를 호출해야 한다.

```
plt.setp(sub_axes)
```

생성할 수 있는 부영역 개수에 아무런 제한이 없음을 주목하자.

대수 척도 사용

매우 넓은 범위에 걸쳐 변하는 데이터를 시각화할 때, 대수 척도는 변화를 시각화 해주며, 그렇지 않으면 거의 보이지 않는다. 이번 예제에서 그림의 크기 조정 시스 템을 조작하는 방법을 보여준다.

대수 척도를 설정하는 여러 가지 방법이 있다. 여기서는 어떤 그림에도 작동하고 한 곡선만 그리지 않는 방법이다. 다음 예제에서 모든 플롯 요소에 적용하는 대수 척도를 설정한다.

```
import numpy as np
import matplotlib.pyplot as plt

X = np.linspace(1, 10, 1024)

plt.yscale('log')
plt.plot(X, X, c = 'k', lw = 2., label = r'$f(x)=x$')
plt.plot(X, 10 ** X, c = '.75', ls = '--', lw = 2., label =
r'$f(x)=e^x$')
plt.plot(X, np.log(X), c = '.75', lw = 2., label = r'$f(x)=\log(x)$')

plt.legend()
plt.show()
```

다음 그림에서는 대수 척도를 이용해 수직 축으로 여러 곡선을 보여준다.

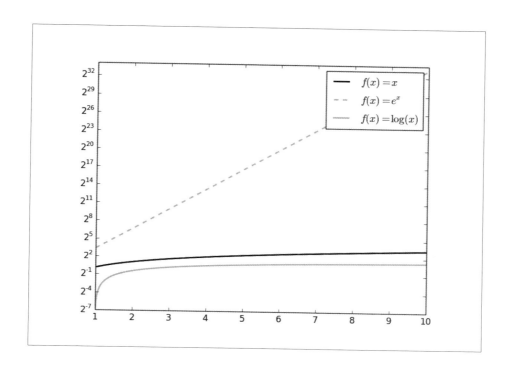

예제 분석

이번 예제에서 대수 척도에 따른 y축이 있는 세 함수를 표시했다. 모든 작업은 `pyplot.yscale()`로 수행하며, 원하는 크기조정 타입을 `'log'`로 지정해 전달했다. 마찬가지로 x축에 동일한 결과를 내기 위해 `pyplot.xscale()`을 사용했다. 다음처럼 대수-대수 플롯을 빠르게 간단히 생성할 수 있다.

```
plt.xscale('log')
plt.yscale('log')
```

대수 기저는 기본으로 10이지만, 선택적인 파라미터인 basex와 basey로 변경할 수 있다.

대수 척도를 사용하면 작은 범위의 데이터를 매우 큰 범위로 확대할 때도 유용하
며, 다음 예제에서 보여준다.

```
import numpy as np
import matplotlib.pyplot as plt

X = np.linspace(-100, 100, 4096)

plt.xscale('symlog', linthreshx=6.)
plt.plot(X, np.sinc(X), c = 'k')

plt.show()
```

다음 그림과 같이 곡선의 중심부([-6, 6] 범위)를 선형 척도linear scale로 보여주는 반
면, 나머지를 대수 척도로 보여준다.

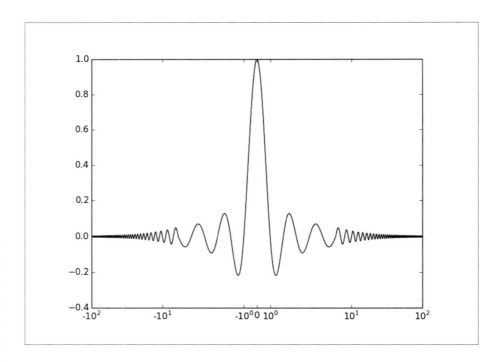

여기서 pyplot.xscale()에 파라미터를 0에 중심인 대칭 대수 척도_{sysmmetric} logarithmic scale인 'symlog'를 전달했다. 범위에서 벗어난 선형과 대수 척도를 원했으므로, 'linethreshx=6'을 설정함으로써 [-6, 6] 범위를 지정한다. 이런 방법으로 한 범위를 자세하게 볼 수 있는 반면, 남은 데이터의 큰 범위를 여전히 볼 수 있다.

극좌표 사용

몇몇 현상은 각도 종류다. 예로 확성기의 성능은 계측 각도에 의존한다. 이런 데이터를 표현할 때 극좌표polar coordinate를 자연스럽게 선택한다. 또한 년별 혹은 일별 통계 같은 주기적인 데이터를 극좌표로 편리하게 그릴 수 있다. 이번 예제에서 극좌표를 다루는 방법을 보여준다.

예제 구현

다음처럼 간단한 극곡선을 렌더링해보자.

```
import numpy as np
import matplotlib.pyplot as plt

T = np.linspace(0 , 2 * np.pi, 1024)

plt.axes(polar = True)
plt.plot(T, 1. + .25 * np.sin(16 * T), c= 'k')

plt.show()
```

다음 그림은 극 플롯에 대한 특별한 배치를 보여준다.

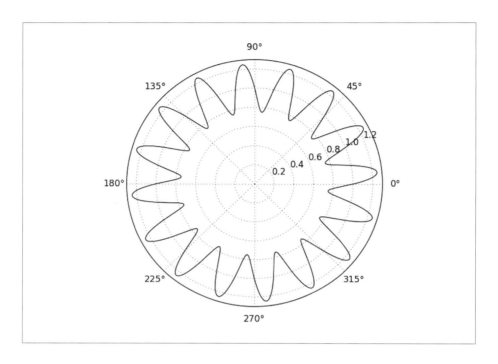

예제 분석

이전에 봤듯이, `pyplot.axes()`는 명시적으로 Axes 인스턴스를 생성하며, 몇몇 사용자 정의를 허용한다. 선택적인 극 파라미터를 간단히 사용해 극 투영을 설정할 수 있다. 범례를 투영에 적용하는 방법에 주목하라.

부연 설명

곡선 그림은 극투영을 위한 가장 일반적인 사용법일 수 있다. 하지만 막대 차트, 모양 표시 같은 다른 어떠한 플롯 종류에도 사용할 수 있다. 예로 극투영과 다각형을 사용해서 레이더 플롯을 만들 수 있으며, 다음 코드를 이용해 수행한다.

```
import numpy as np
import matplotlib.patches as patches
import matplotlib.pyplot as plt

ax = plt.axes(polar = True)

theta = np.linspace(0, 2 * np.pi, 8, endpoint = False)
radius = .25 + .75 * np.random.random(size = len(theta))
points = np.vstack((theta, radius)).transpose()

plt.gca().add_patch(patches.Polygon(points, color = '.75'))
plt.show()
```

다음 그림은 극좌표로 미리 정의한 다각형을 보여준다.

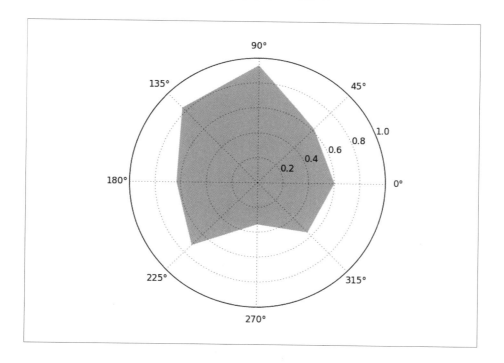

다각형 좌표는 원점까지의 각도와 거리이다. 극을 직교 좌표Cartesian coordinate로 명시적인 변환 수행을 할 필요가 없다.

5

파일 출력 처리

5장에서는 다음과 같은 내용을 다룬다.

- PNG 사진 파일 생성
- 투명도 처리
- 출력 해상도 제어
- PDF 또는 SVG 문서 생성
- 다중 페이지 PDF 문서 처리

소개

기술적인 그림은 독립적인 문서로 존재하지만, 과학적인 그림은 문서의 일부인 경우가 많다. 맷플롯립은 PNG, EPS, SVG, PDF 같은 다양한 범용 파일 포맷을 그림으로 렌더링할 수 있다. 기본으로 그림을 최소한의 사용자 인터페이스로 보여주며, 그림을 파일로 저장할 수 있다. 하지만 이런 방식은 그림을 대량으로 묶어 생성해야 할 경우에는 편리하지 않다. 또한 일부 데이터를 갱신할 때마다 새로운 그림을 생성할 수 있기를 바랄 수 있다. 5장에서는 맷플롯립의 파일 출력 기능을 탐색한다. 프로그래밍으로 파일 출력 생성과 별개로 출력의 해상도와 크기, 투명도 처리 같은 중요한 요소를 제어하는 방법을 배운다.

PNG 사진 파일 생성

기본적으로 맷플롯립은 기본 사용자 인터페이스 창에 그림을 보여준다. 이 인터페이스는 그림을 파일로 저장하는 것을 허용한다. 프로타입핑에 있어 합리적인 방법일지라도, 여러 일반적인 사용법인 경우에는 편리하지 않다. 예로 자동으로 생성한 리포트에 들어가는 12개의 그림을 만들고 싶을 수 있다. 배치 처리기처럼 입력 파일마다 한 그림을 생성하길 바랄 수 있다. 맷플롯립은 뛰어난 융통성으로 그림을 사진 파일로 저장하도록 해준다.

처음에는 그림을 PNG 파일로 출력하는 방법을 보여준다. PNG 파일은 비트맵 출력에 이상적이며, 또한 비트맵 사진에서 사실상 표준이다. 비손실 압축 알고리즘에 의존하며(따라서 눈에 거슬리는 압축 가공물compression artifact을 피한다), 투명도를 처리할 수 있어 전폭적으로 지지 받는 표준이다.

예제 구현

다음과 같이 그림을 맷플롯립에 렌더링 요청할 때마다 보통 `pyplot.show()`를 호출하는 대신에 `pyplot.savefig()`를 호출해 사용한다.

```
import numpy as np
from matplotlib import pyplot as plt

X = np.linspace(-10, 10, 1024)
Y = np.sinc(X)

plt.plot(X, Y)
plt.savefig('sinc.png', c = 'k')
```

이 스크립트는 사용자 인터페이스 창에서 그림을 보여주는 대신에 이름이 sinc. png인 파일을 간단하게 생성한다. 해상도는 8비트 컬러(화소당 24비트)인 800×600 화소다. 이 파일은 다음 그래프의 표현이다.

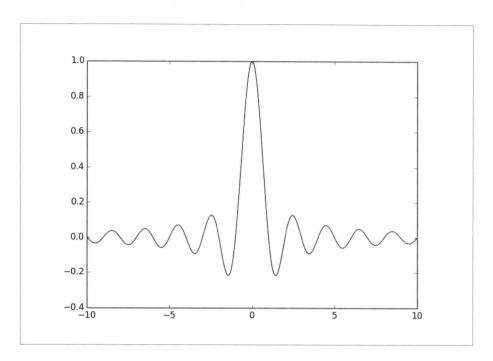

pyplot.savefig() 함수는 pyplot.show()와 똑같이 정확하게 작동하며, pyplot 과 관련된 모든 명령을 해석한 후 그림을 만든다. 유일한 차이는 처리 마지막 부분에서 무엇을 수행한다는 점이다. pyplot.show() 함수는 사용할 수 있는 어떤 사용자 인터페이스 라이브러리에 사진 데이터를 전송하는 반면에, pyplot. savefig() 함수는 데이터를 파일에 기록한다. 따라서 모든 명령어는 최종 출력의 본질이 무엇이든지 관계없이 정확하게 동일한 방법으로 작동한다.

pyplot.savefig() 함수는 다음 절에서 살펴볼 다양한 선택적인 파라미터를 제공한다.

투명도 처리

그림을 생성할 때는 좀처럼 단독으로 사용하지 않는 경우가 많다. 예로 그림을 웹 사이트나 프리젠테이션의 일부로 할 수 있다. 이런 경우, 그림을 다른 그래프에 통합해야 한다. 투명도는 그림을 미적으로 보기 좋고 일관적인 방법으로 그래프인 배경과 혼합하는 통합에 있어 매우 중요하다. 이번 예제에서 투명도로 그림을 출력하는 방법을 보여준다.

예제 구현

투명도를 보여주기 위해서는 그림을 생성한 후 웹 페이지에 내장한다. 이 그림을 웹 페이지 배경과 혼합한다. 이번 예제에서 생성하는 모든 파일은 동일한 디렉토리에 있어야 한다. 이번 절에서는 다음과 같이 작업한다.

- 그림을 투명도 배경과 함께 PNG 파일로 렌더링
- 그림을 포함한 HTML 페이지 생성

그림을 투명도 배경과 함께 PNG 파일로 렌더링

그림을 PNG 파일로 렌더링하기 위해 pyplot.savefig()를 다시 사용한다. 다만 다음 스크립트와 같이 선택적인 파라미터인 transparent를 True로 설정한다.

```
import numpy as np
import matplotlib.pyplot as plt

X = np.linspace(-10, 10, 1024)
Y = np.sinc(X)

plt.plot(X, Y, c = 'k')
plt.savefig('sinc.png', transparent = True)
```

그림을 포함한 HTML 페이지 생성

배경이 있는 웹 페이지에서 PNG 파일을 사용해보자. background.png가 타일인 배경에 sinc.png를 보여주는 최소한의 HTML 코드는 다음과 같다.

```html
<html>
  <head>
    <style>
      body {
        background: white url(background.png);
      }
    </style>
  </head>
  <body>
    <img src='sinc.png' width='800 height='600'></img>
  </body>
</html>
```

브라우저로 웹 페이지를 볼 때, 다음 그래프와 같이 타일 배경에 그림을 혼합했다. 이런 작업은 프리젠테이션에서 렌더링한 그림을 사용할 때처럼 다른 상황에서 발생할 수 있다.

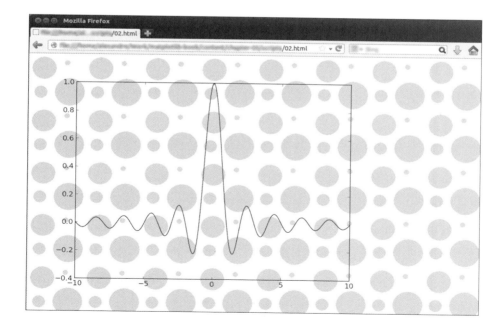

기본적으로 pyplot.savefig()는 출력에 투명도 정보를 포함하지 않는다. 예로 PNG 사진을 출력할 때, PNG 파일은 화소당 24비트를 기본으로 사용하며, 8비트 화소인 빨강, 초록, 파랑 성분만 저장한다. 하지만 transparent 출력을 활성화하면 pyplot.savefig()는 화소당 32비트를 사용하며, 추가 채널인 알파 채널에 투명도 정보를 저장한다.

지금까지 그림의 배경에 관한 유일한 투명도 정보는 그림의 요소로서 배경(전체 투명)이나 전경(전체 불투명) 중 하나이다. 아무튼 맷플롯립으로 생성한 어떠한 그래프의 투명도 수준을 제어할 수 있다.

맷플롯립은 선택적인 파라미터인 alpha로써 투명도 수준을 정의토록 해준다. alpha가 1이면 그림은 완전히 불투명하며 기본 설정이다. alpha가 0이면 그림이 완벽하게 보이지 않는다. Alpha가 중간 값이면 부분적인 투명도를 제공한다. 대부분 그림 그리기 함수에서 선택적인 파라미터인 alpha를 활용할 수 있다.

다음 스크립트는 alpha 활용을 보여준다.

```
import numpy as np
import matplotlib.pyplot as plt

name_list = ('Omar', 'Serguey', 'Max', 'Zhou', 'Abidin')
value_list = np.random.randint(99, size=len(name_list))
pos_list = np.arange(len(name_list))

plt.bar(pos_list, value_list, alpha = .75, color = '.75', align =
  'center')
plt.xticks(pos_list, name_list)

plt.savefig('bar.png', transparent = True)
```

앞 스크립트는 막대 그래프를 생성한 후, 그림을 PNG 파일로 저장한다. 웹 페이지에 이 PNG 파일을 사용했을 때는 다음 스크린샷과 같이 그림의 배경을 혼합했을 뿐만 아니라 그림의 내용도 혼합했음을 볼 수 있다.

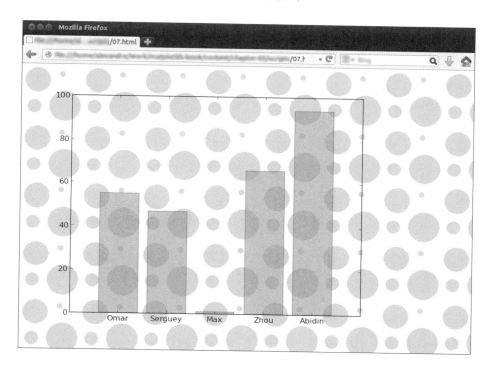

출력 해상도 제어

기본적으로 비트맵 사진을 출력으로 사용할 때, 맷플롯립에서 출력의 크기와 해상도를 선택할 수 있다. 사용하는 비트맵 사진이 무엇인가에 따라서 해상도를 선택하길 원할 수 있다. 예로 사진이 큰 포스터의 일부라면 높은 해상도를 선호할 수 있으며 혹은 썸네일을 생성하고 싶다면 해상도는 매우 낮아야 한다. 이번 예제에서 출력 해상도를 제어하는 방법을 배운다.

pyplot.savefig() 함수는 다음 스크립트와 같이 출력 해상도를 제어하는 선택적인 파라미터를 제공한다.

```
import numpy as np
from matplotlib import pyplot as plt

X = np.linspace(-10, 10, 1024)
Y = np.sinc(X)

plt.plot(X, Y)
plt.savefig('sinc.png',dpi = 300)
```

앞 스크립트는 곡선을 그린 후 출력 결과를 파일로 한다. 통상적인 800×600 화소 출력 대신에 2400×1800 화소가 된다.

pyplot.savefig() 함수는 dpi라고 하는 선택적인 파라미터를 갖는다. 이 파라미터는 사진의 dpi Dots Per inches(도트당 인치)로 표현된 해상도를 제어한다. 미터법 단위에 많이 익숙한 분을 위해 참고하자면 1인치는 2.54센티미터다. dpi 단위는 실제 문서의 1인치에 도트가 얼마나 많이 있는지 표현한다. 좋은 잉크젯 프린터는 300dpi 해상도로 문서를 인쇄한다. 고품질 레이저 프린터는 600dpi로 쉽게 인쇄할 수 있다.

기본적으로 맷플롯립은 8×6 공간 단위 즉 4/3 종횡비로 그림을 출력한다. 맷플롯립에서 1 공간 단위는 100 화소다. 따라서 맷플롯립은 800×600 화소의 사진 파일을 기본으로 제공한다. 만약에 dip = 300으로 사용하면, 사진의 크기는 8*300×6*300 즉 2400×1800 화소가 된다.

4장에서 종횡비를 제어하는 방법을 봤다. 종횡비와 dpi를 조합한다면 그림의 일반적인 비율을 완벽하게 제어할 수 있다. 예로 512×512 화소 사진인 팔각형을 표시하고 싶다면 다음과 같이 작업한다.

```
import numpy as np
import matplotlib.pyplot as plt

theta = np.linspace(0, 2 * np.pi, 8)
points = np.vstack((np.cos(theta), np.sin(theta))).transpose()

plt.figure(figsize=(4., 4.))
plt.gca().add_patch(plt.Polygon(points, color = '.75'))

plt.grid(True)
plt.axis('scaled')

plt.savefig('polygon.png',dpi = 128)
```

앞 스크립트의 결과는 다음 그래프다.

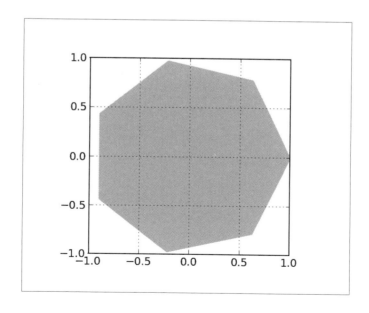

4×4 단위 영역에 그림을 표시하며, 출력 해상도는 128dpi이고, 512×512 화소로 출력한다. 8×8 단위 영역으로 512 화소를 표시할 수도 있는데, 출력 해상도는 64dpi이다. 이를 다음 결과로 제시한다.

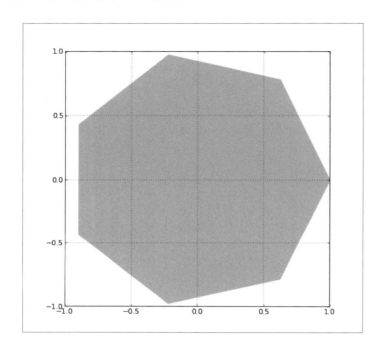

주석이 더 작아지고 격자는 가는 선을 갖는다. 주석과 선의 굵기는 공간 단위에서 표현한 자신만의 기본 값을 갖는다. 따라서 출력 해상도를 2로 나누면 주석이 2배만큼 더 작아진다. 공간 해상도와 각 개별 요소의 크기를 조작하기 시작한다면, 매우 빠르게 혼란이 올 수 있다. 대체로 개별 요소(주석과 굵기)의 크기를 변경할 때 좋은 방법은 서로 비례하는 비율을 유지하는 것이다. 모든 주석이 균등하게 크게 표시하고 싶다면, 해상도 설정으로 처리할 수 있다.

PDF 또는 SVG 문서 생성

비트맵 사진 출력은 항상 이상적이지 않다. 비트맵 사진은 주어진 크기로 화소 배열인 사진을 표현한다. 확대하면 잘 알려진 인공물(계단 현상, 계단, 흐림 등)이 몇몇 있고, 샘플링 알고리즘 적용에 달려 있다. 벡터 사진은 크기에 불변이다. 어떠한 크기에도 관계없이 세부 사항을 잃지 않거나 관찰했을 때 인공물이 보이지 않는다. 이와 같이 벡터 사진은 저널 기사 같은 큰 문서와 조합할 때 바람직하다. 그림의 크기를 조정할 때 새로운 사진을 생성할 필요가 없다. 맷플롯립은 PDF와 SVG 사진 같은 벡터 사진을 출력할 수 있다.

예제 구현

다음 스크립트와 같이 PDF 문서를 출력하는 것은 간단한 일이다.

```
import numpy as np
from matplotlib import pyplot as plt

x= np.linspace(-10, 10, 1024)
Y = np.sinc(X)

plt.plot(X, Y)
plt.savefig('sinc.pdf')
```

앞 스크립트는 그림을 그린 후 이름이 sinc.pdf인 파일로 저장한다.

예제 분석

그림을 파일로 렌더링하는 pyplot.savefig() 함수를 이미 논의했다. 파일이 PNG, PDF 혹은 SVG이어야 하는지에 관계없이 파일명은 괜찮다. 맷플롯립은 파일 이름의 파일 확장자를 보고 파일 타입을 추정한다.

몇몇 경우에 주어진 포맷 즉 SVG로 파일 저장하고 싶지만, .svg 확장자를 갖는 이름을 원치 않을 수 있다. 선택적인 파라미터인 `pyplot.savefig`로 해당 작업을 할수 있다. `format = 'svg'`로 설정하면, `pyplot.savefig`는 함수에서 넘겨 받은 파일명에서 출력 파일을 추정하지 않으며, 대신에 포맷으로 전달한 이름을 사용한다.

다중 페이지 PDF 문서 처리

4장에서 한 맷플롯립 그래프에 여러 그림을 조합하는 방법을 봤다. 이는 매우 정교한 플롯을 만들게 해준다. PDF 출력을 사용할 때 그래프를 한 페이지에 맞춰야함을 유의해야 한다. 다만, 몇몇 추가 작업으로 여러 페이지인 PDF 문서를 출력할 수 있다. 당부하지만 맷플롯립은 과학 플롯팅 패키지이지 라텍스나 리포트랩ReportLab 같은 문서 작성 시스템이 아니다. 따라서 다중 페이지 지원은 정말 적다. 이번 예제에서 다중 페이지 PDF 문서를 생성하는 법을 보여준다.

맷플롯립으로 다중 페이지 PDF 출력을 보여주기 위해 페이지당 5개 차트로 15개막대 차트를 생성해보자. 다음 스크립트는 이름이 barcharts.pdf인 3페이지짜리문서를 출력한다.

```python
import numpy as np
from matplotlib import pyplot as plt
from matplotlib.backends.backend_pdf import PdfPages

# 데이터 생성
data = np.random.randn(15, 1024)

# PDF 문서
pdf_pages = PdfPages('barcharts.pdf')
```

```
# 페이지 생성
plots_count = data.shape[0]
plots_per_page = 5
pages_count = int(np.ceil(plots_count / float(plots_per_page)))
grid_size = (plots_per_page, 1)

for i, samples in enumerate(data):
  # 필요하다면 그림 인스턴스(즉 새로운 페이지) 생성
  if i % plots_per_page == 0:
    fig = plt.figure(figsize=(8.27, 11.69),dpi=100)

  # 막대 차트 하나 그림
  plt.subplot2grid(grid_size, (i % plots_per_page, 0))
  plt.hist(samples, 32, normed=1, facecolor='.5', alpha=0.75)

  # 필요하다면 페이지 닫음
  if (i + 1) % plots_per_page == 0 or (i + 1) == plots_count:
    plt.tight_layout()
    pdf_pages.savefig(fig)

# PDF 문서를 파일에 기록
pdf_pages.close()
```

다음 그림과 같이 막대 차트를 3페이지에 깔끔하게 배치한다.

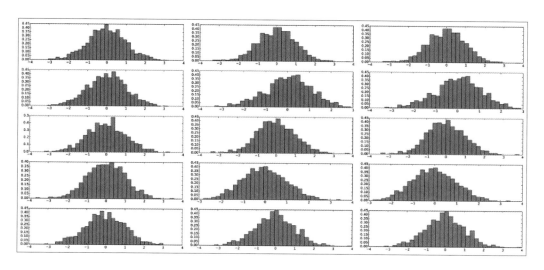

보통 맷플롯립을 사용한 스크립트는 출력 타입에 의존하지 않는다. 모든 종류의 출력을 위한 `pyplot.savefig()`를 항상 사용한다. 하지만 여기서는 PDF 출력을 지정해 작업해야 한다. 따라서 이번 스크립트는 다음 작업을 수행한다.

- PDF 출력을 처리하는 맷플롯립 패키지인 matplotlib.backends.backend_pdf를 임포트한다. 이 패키지에서 `PdfPages` 객체만 필요하다. 이 객체는 PDF 문서를 표현한다.

- 이름이 pdf_pages인 PDF 문서의 인스턴스를 생성한다. 이것은 `pdf_pages = PdfPages('histograms.pdf')` 함수를 사용해 수행한다.

- 각 페이지를 생성하려면 다음 작업을 수행한다.

  - A4 페이지 크기를 갖는 새로운 그림 인스턴스를 생성한다. `fig = plot.figure(figsize=(8.27, 11.69), dpi=100)` 함수를 사용해 수행한다.

  - 그림에 플롯을 채운다. 이번 예제에서 한 그림에 여러 플롯을 배치하는 서브플롯을 사용한다.

  - PDF 문서 안에 그림을 포함하는 새로운 페이지를 생성한다. `pdf_pages.savefig(fig)` 함수를 사용해 수행한다.

- 일단 원하는 모든 그림을 생성했다면, `pdf_pages.close()` 함수를 사용해 문서를 출력할 수 있다.

여기서 사용한 페이지는 상당히 일반적인 용어다. 페이지는 특정 크기이어야 할 필요가 없다. 페이지마다 다른 크기를 가질 수 있다. 이번 스크립트는 그림의 총개수와 페이지당 그림 개수로부터 페이지 개수를 자동으로 계산하도록 작성했다.

맷플롯립은 정식 문서 작성 시스템이 아니기 때문에 페이지 수나 페이지 제목 같은 작업은 엄청난 트릭 없이는 쉽게 해낼 수 없다. 정말 이런 기능이 필요하면, 단일 PDF 문서로서 각 그림을 생성하는 것이 현명하다. 그럴 경우 문서 작성 시스템이 PDF 문서를 자동으로 생성하기 위해 해당 그림을 사용한다. 예로, 닥북_{DocBook}은 PDF이나 다른 범용 포맷 문서를 생성하는 XML 명세를 취하는 시스템이다. 물론 수고 범위가 완전히 다르다.

6
맵 처리

6장에서는 다음과 같은 내용을 다룬다.

- 2D 배열 내용 시각화
- 컬러맵 범례를 그림에 추가
- 비균등 2D 데이터 시각화
- 2D 스칼라장scalar field 시각화
- 등고선contour line 시각화
- 2D 벡터장vector field 시각화
- 2D 벡터장의 유선streamline 시각화

소개

지금까지는 본질적으로 1차원 문자 데이터를 그리는 원시 요소를 다뤘다. 어떤 종류의 맵을 그림으로써, 두 변수가 세 번째 변수에 미치는 영향을 시각화할 수 있다. 나라에 걸쳐 흩어진 기상 관측소를 상상해보자. 맵 시각화는 나라에 강우량과 바람이 얼마나 분포됐는지 한 눈에 보여준다. 맷플롯립은 맵을 생성하는 간단한 API로 주도하는 강력한 원시 요소를 제공한다.

2D 배열 내용 시각화

가장 기본인 시나리오부터 시작하자. 갖고 있는 2D 배열을 시각화하고 싶다. 예시로 만델브로트 집합Mandelbrot set을 시각화한다. 만델로브트 집합은 평면상의 각 점에 반복 횟수를 연계한 유명한 프랙탈 모양이다.

예제 구현

다음 코드와 같이 2D 정사각형 배열에 값을 먼저 채운 후, 시각화하기 위해 `pyplot.imshow()`를 호출한다.

```
import numpy as np
import matplotlib.cm as cm
from matplotlib import pyplot as plt

def iter_count(C, max_iter):
  X = C
  for n in range(max_iter):
    if abs(X) > 2.:
      return n
    X = X ** 2 + C
  return max_iter

N = 512
max_iter = 64
```

```
xmin, xmax, ymin, ymax = -2.2, .8, -1.5, 1.5
X = np.linspace(xmin, xmax, N)
Y = np.linspace(ymin, ymax, N)
Z = np.empty((N, N))

for i, y in enumerate(Y):
  for j, x in enumerate(X):
    Z[i, j] = iter_count(complex(x, y), max_iter)

plt.imshow(Z, cmap = cm.gray)
plt.show()
```

이 스크립트는 출력을 만들 때 몇 초에서 몇 분 정도 걸릴 수 있으며, 컴퓨터에 따라 다르다. 채운 정사각형 배열의 크기인 N을 줄이면, 계산량이 감소한다. 결과로서 모든 프랙탈 글로리glory[1]가 있는 만델브로트 집합을 볼 수 있다.

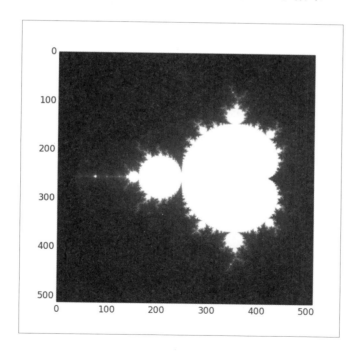

---

1 글로리는 물체의 그림자 둘레에 빛의 고리가 나타나는 현상이다. – 옮긴이

축에 표시한 좌표는 2D 배열 첨자임을 주목하자.

`pyplot.imshow()` 함수는 매우 간단하며, 2D 배열을 제시하면 각 화소가 2D 배열에서 얻은 한 값을 표현하는 그림을 렌더링한다. 화소의 컬러는 배열의 각 값이 선형적으로 [0, 1] 간격에서 정규화된 컬러맵에서 가져온다. `pyplot.imshow()` 함수는 그림을 렌더링하지만, 보여주지 않는다. 보통 그림을 보려면 `pyplot.show()`를 호출해야 한다. 아무튼 두 함수의 이름이 비슷해서 혼동의 여지가 있다.

이번 스크립트의 나머지 부분은 예제 데이터를 생성한다. 2D 배열인 Z를 생성한 후 이중 반복문으로 채운다. 반복문 표본은 [-2.2, 0.8] * [-1.5, 1.5]인 정사각형이다. 각 표본의 `iter_count` 함수는 만델브로트 집합 반복을 계산한다. 파일이나 뭔가 다른 정보원에서 Z 배열의 데이터를 가져올 수도 있다.

`pyplot.imshow()`에서 얻은 결과는 비트 기초 데이터bit raw다. 축에 표시한 좌표는 2D 배열 첨자다. 다른 좌표를 선호할 수 있다. 이번 경우에는 표본화한 정사각형의 좌표다. 여기서 사용한 컬러맵은 결코 이상적이지 않다. `pyplot.imshow()`의 선택적인 파라미터를 사용해 참조할 수 있다. `pyplot.imshow()`를 호출해 변경해보자.

```
plt.imshow(Z, cmap = cm.binary, extent=(xmin, xmax, ymin, ymax))
```

컬러맵을 사용했기 때문에 맷플롯립의 컬러맵 모듈을 가져와야 한다. 이번 스크립트의 시작 부분에 다음 줄을 추가한다.

```
import matplotlib.cm as cm
```

데이터는 정확히 동일하지만, 결과가 바뀐다.

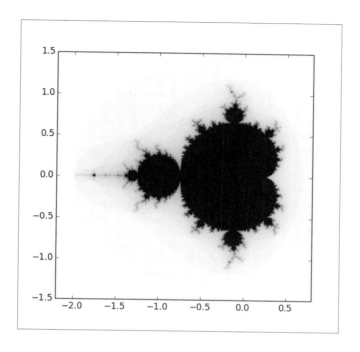

선택적인 파라미터인 extent는 2D 배열에 저장한 데이터에 대한 좌표계를 지정한다. 좌표계는 4개 값의 튜플로서, 수평축과 수직축에서 확장한 최대값과 최소값이다. 지금 축은 만델브로트 집합을 계산하기 위해 표본인 정사각형의 좌표를 보여준다. cmap 파라미터는 컬러맵을 지정한다.

자, 이번 스크립트에서 표본 데이터의 크기를 512에서 32로 줄여보자. 결과는 다음 그림과 같이 나타난다.

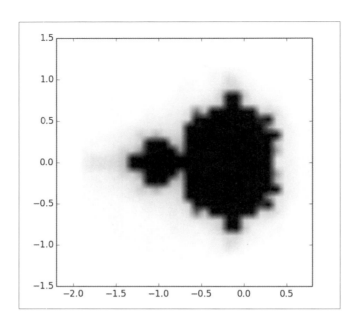

만델브로트 집합을 표현하기 위해 512*512 표본 대신에 32*32 표본을 사용한다.
하지만 결과 그림은 더 작지 않다. 실제로 pyplot.imshow()는 2D 배열을 표현할
때 화소에 채색하는 것보다 더 많이 작업한다. pyplot.imshow() 함수는 주어진
임의 크기의 그림을 만든 후, 입력 데이터가 그림보다 더 작거나 더 크다면 보간을
수행한다. 이번 예제에서 기본 보간은 선형임을 볼 수 있다. 항상 이상적이지 않다.
pyplot.imshow() 함수는 사용 가능한 보간 종류를 지정할 수 있는 선택적인 파
라미터인 interpolation을 갖는다. 맷플롯립은 멋진 보간 방식 목록을 제공한다.
가장 간단한 보간 방식인 최근접 이웃 보간을 살펴보자.

```
plt.imshow(Z, cmap = cm.binary, interpolation = 'nearest',
    extent=(xmin, xmax, ymin, ymax))
```

지금 기초 데이터가 훨씬 더 분명하다.

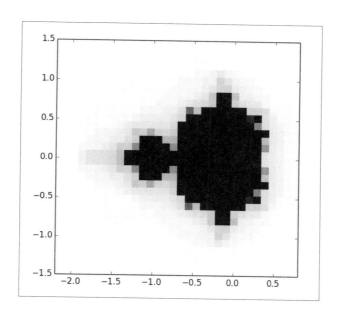

단순한 선형 보간 방식보다 더 정교한 보간 방식을 사용하고 싶을 수 있다. 선형 보간 방식은 계산에 적게 들지만 보기에 좋지 않은 인공물을 만든다. `interpoloation = 'bicubic'`을 이용한 바이큐빅 보간을 사용해보자. 더 나은 결과를 얻는다.

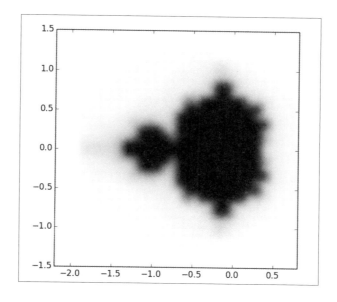

컬러맵 범례를 그림에 추가

컬러맵은 모두 쉽게 읽고 시각적으로 만족하는 그림을 만드는 핵심 요소다. 하지만 여기서는 과학을 하고, 미적은 단지 부차적인 목표다. 컬러맵을 사용할 경우 주어진 컬러에 대응하는 값을 알고 싶을 수 있다. 이번 예제에서 그림에 컬러맵 정보를 추가하는 간단한 방법을 보여준다.

예제 구현

동일한 예제인 만델브로트 집합을 사용한다. `pyplot.colorbar()`를 호출해 추가한다.

```
import numpy as np
from matplotlib import pyplot as plt
import matplotlib.cm as cm

def iter_count(C, max_iter):
  X = C
  for n in range(max_iter):
    if abs(X) > 2.:
      return n
    X = X ** 2 + C
  return max_iter

N = 512
max_iter = 64
xmin, xmax, ymin, ymax = -2.2, .8, -1.5, 1.5
X = np.linspace(xmin, xmax, N)
Y = np.linspace(ymin, ymax, N)
Z = np.empty((N, N))
```

```
for i, y in enumerate(Y):
  for j, x in enumerate(X):
    Z[i, j] = iter_count(complex(x, y), max_iter)

plt.imshow(Z,
          cmap = cm.binary,
          interpolation = 'bicubic',
          extent=(xmin, xmax, ymin, ymax))

cb = plt.colorbar(orientation='horizontal', shrink=.75)
cb.set_label('iteration count')

plt.show()
```

앞 코드는 다음과 같은 결과를 만든다.

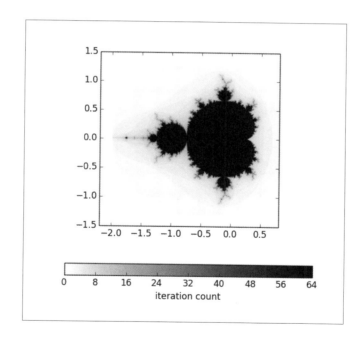

깔끔한 컬러 막대는 컬러맵의 컬러를 관심값과 연계해준다. 여기서는 만델브로트 반복 횟수다.

이번 스크립트의 대부분은 엄밀하게 이전 예제에 소개한 스크립트와 동일하다. 이번 스크립트의 관련 부분은 다음과 같다.

```
cb = plt.colorbar(orientation='horizontal', shrink=.75)
cb.set_label('iteration count')
```

pyplot.colorbar() 함수는 컬러 막대를 보여주고 싶을 때 맷플롯립에게 신호를 보낸다. 설명할 목적으로 여기에 몇몇 선택적인 파라미터를 사용했다. orientation 파라미터는 컬러 막대를 수직으로 할지 수평으로 할지를 선택한다. 기본은 수직이다. shrink 파라미터는 컬러 막대의 기본 크기를 축소한다. 컬러 막대는 기본으로 범례를 갖지 않는다. 범례를 설정할 수 있지만, 그런 경우 다소 어색하다. pyplot.colorbar() 함수를 호출하면 Colorbar 인스턴스를 생성한다. 그런 다음에는 Colorbar 인스턴스의 set_label() 메소드를 호출한다.

비균등 2D 데이터 시각화

지금까지 균등하게 표본화한 2D 데이터를 가진다고 가정했다. 데이터는 격자 패턴으로 표본화했다. 하지만 비균등하게 표본화된 데이터는 매우 흔하다. 예로 기상 관측소에서 측정한 데이터를 시각화하고 싶을 수 있다. 어디서든지 가능한대로 기상 관측소를 구축하며, 완벽한 격자에 배치한다. 함수를 표본화하면, 격자 배치로 만들 수 없는 정교한 표본화 처리(적응적 표본화, 4분위수 표본화 등)를 사용할 수 있다. 여기서 이런 2D 데이터를 다루는 간단한 방법을 보여준다.

이번 스크립트는 이전 예제의 동일한 정사각형으로부터 표본화한 만델브로트 집합을 그린다. 하지만 정규 격자 표본화를 사용하는 대신에, 다음 예제와 같이 만델브로트 집합을 무작위로 표본화한다.

```
import numpy as np
from numpy.random import uniform, seed
from matplotlib import pyplot as plt
from matplotlib.mlab import griddata
import matplotlib.cm as cm

def iter_count(C, max_iter):
  X = C
  for n in range(max_iter):
    if abs(X) > 2.:
      return n
    X = X ** 2 + C
  return max_iter

max_iter = 64
xmin, xmax, ymin, ymax = -2.2, .8, -1.5, 1.5

sample_count = 2 ** 12
A = uniform(xmin, xmax, sample_count)
B = uniform(ymin, ymax, sample_count)
C = [iter_count(complex(a, b), max_iter) for a, b in zip(A, B)]

N = 512
X = np.linspace(xmin, xmax, N)
Y = np.linspace(ymin, ymax, N)
Z = griddata(A, B, C, X, Y, interp = 'linear')

plt.scatter(A, B, color = (0., 0., 0., .5), s = .5)
plt.imshow(Z,
           cmap = cm.binary,
           interpolation = 'bicubic',
           extent=(xmin, xmax, ymin, ymax))
plt.show()
```

이번 스크립트는 무작위로 표본화한 만델브로트 집합을 보여준다. 표본점sampling point은 아주 작은 검은 점으로 나타난다.

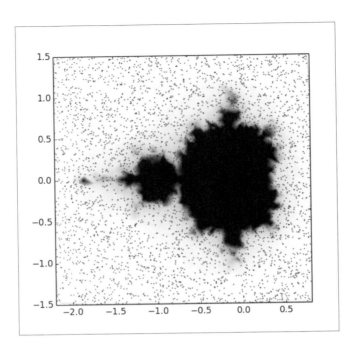

분명히 무작위 표본화 과정으로 인해 결과가 정규 표본화_{regular sampling}에서 얻은 결과보다 더 무질서하다. 다만 이전 예제에서 262,144개의 표본을 사용한 대신에 4,096 표본을 사용했으므로, 얻었던 결과는 훌륭하다. 맷플롯립의 비균등 표본화 uniform sampling 기능을 갖고 적응적 표본화 방식을 사용하면 정규 격자 표본화보다 매우 낮은 계산 비용으로 만델브로트 집합의 고해상도를 보도록 해준다.

예제 분석

먼저 이번 스크립트는 무작위로 만델브로토 집합을 표본화할 때 이번 스크립트의 다음과 같은 부분에서 수행한다.

```
sample_count = 2 ** 12
A = uniform(xmin, xmax, sample_count)
B = uniform(ymin, ymax, sample_count)
C = [iter_count(complex(a, b), max_iter) for a, b in zip(A, B)]
```

A와 B 배열에 표본의 좌표가 들어 있는 반면에 C 리스트는 표본의 각 값을 포함한다.

그 다음에는 이번 스크립트는 비균등 표본으로부터 데이터의 2D 배열을 생성하며, 다음과 같은 부분에서 달성한다.

```
N = 512
X = np.linspace(xmin, xmax, N)
Y = np.linspace(ymin, ymax, N)
Z = griddata(A, B, C, X, Y, interp = 'linear')
```

X와 Y 배열은 정규 격자를 정의한다. Z 배열은 비균등 표본을 보간해 구축된다. 이 보간은 matplotlib.mlab 패키지의 griddata() 함수로 수행한다. 이제 2D 배열을 가졌으므로, 이를 시각화하기 위해 pyplot.imshow()를 사용할 수 있다. 원 표본점을 보여줄 때 사용하는 pyplot.scatter()를 추가로 호출한다.

보여줄 목적으로 pyplot.griddata()에서 선택적인 파라미터인 interp로 선형 보간을 사용한다. interp 파라미터는 기본적으로 자연 이웃 보간natural neighbor interpolation을 나타내는 'nn'을 설정한다. 후자 방식은 매우 강인한 만큼 대부분 경우에 사용한다.

2D 스칼라장 시각화

맷플롯립과 넘파이는 2D 스칼라장을 편리하게 시각화하는 몇몇 흥미로운 메커니즘을 제공한다. 이번 예제에서 2D 스칼라장을 시각화하는 매우 간단한 방법을 보여준다.

예제 구현

numpy.meshgrid() 함수는 명시적인 2D 함수로부터 표본을 생성한다. 그 다음에는 이 함수를 표시하기 위해 다음 코드와 같이 pyplot.pcolormesh()를 사용한다.

```
import numpy as np
from matplotlib import pyplot as plt
import matplotlib.cm as cm

n = 256
x = np.linspace(-3., 3., n)
y = np.linspace(-3., 3., n)
X, Y = np.meshgrid(x, y)

Z = X * np.sinc(X ** 2 + Y ** 2)

plt.pcolormesh(X, Y, Z, cmap = cm.gray)
plt.show()
```

앞 코드는 다음과 같은 결과를 만든다.

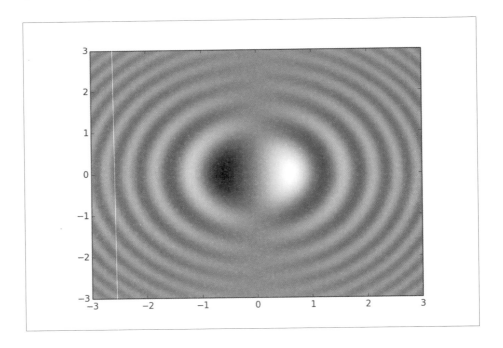

컬러맵을 현명하게 선택하는 방법이 도움이 될 수 있음을 주목하자. 여기서 음수 값은 검게 나타나고 양수 값은 하얗게 나타난다. 따라서 한 눈에 볼 수 있는 부호와 크기 정보를 갖는다. 맵 크기의 중심이 하얀색이되 빨강부터 파랑까지 있는 컬러맵을 사용하면 더 나은 작업을 할 수 있다.

예제 분석

`numpy.meshgrid()` 함수는 두 좌표인 x와 y를 취하며 X와 Y 좌표의 두 격자를 구성한다. X와 Y는 넘파이 2D 배열이기 때문에, 단일 변수처럼 조작할 수 있다. 행렬 Z를 생성하기 위해 반복문을 작성할 필요가 없다. 다음처럼 간결하고 읽기 쉬운 스칼라장을 계산한다.

```
Z = X * np.sinc(X ** 2 + Y ** 2)
```

그런 후에 표본을 렌더링하기 위해 `pyplot.pcolormesh()` 함수를 호출한다. `pyplot.imshow()`와 동일한 결과를 가질 수 있었다. 다만, 여기서 좌표계를 올바르게 갖기 위해서는 선택적인 파라미터를 갖고 작업하는 대신에 X, Y와 Z가 필요하다. 또한 대용량 데이터인 경우 `pyplot.pcolormesh()`가 훨씬 더 빠를 가능성이 있다.

등고선 시각화

지금까지 각 데이터 점에 채색해 데이터를 시각화했고, 보간을 약간 한 상태로 맨 위에 덧붙였다. 맷플롯립은 2D 데이터에 대한 매우 정교한 표현을 제공한다. 모든 점을 동일한 값으로 연결한 등고선은 특징을 잡을 때 도움이 되며, 그렇지 않으면 쉽게 볼 수 없을 것이다. 이번 예제에서 등고선을 표시하는 방법을 보여준다.

pyplot.contour() 함수는 등고선 주석을 생성토록 해준다. 이를 보여주기 위해서는 만델브로트 집합의 확대 부분을 연구하기 위한 차원으로 이전 예제의 코드를 재사용하자.

```python
import numpy as np
from matplotlib import pyplot as plt
import matplotlib.cm as cm

def iter_count(C, max_iter):
  X = C
  for n in range(max_iter):
    if abs(X) > 2.:
      return n
    X = X ** 2 + C
  return max_iter

N = 512
max_iter = 64
xmin, xmax, ymin, ymax = -0.32, -0.22, 0.8, 0.9
X = np.linspace(xmin, xmax, N)
Y = np.linspace(ymin, ymax, N)
Z = np.empty((N, N))

for i, y in enumerate(Y):
  for j, x in enumerate(X):
    Z[i, j] = iter_count(complex(x, y), max_iter)

plt.imshow(Z,
           cmap = cm.binary,
           interpolation = 'bicubic',
           origin = 'lower',
           extent=(xmin, xmax, ymin, ymax))

levels = [8, 12, 16, 20]
ct = plt.contour(X, Y, Z, levels, cmap = cm.gray)
plt.clabel(ct, fmt='%d')

plt.show()
```

앞 스크립트는 만델브로트 집합의 세부 사항을 정교한 등고선 주석으로 보여준다.

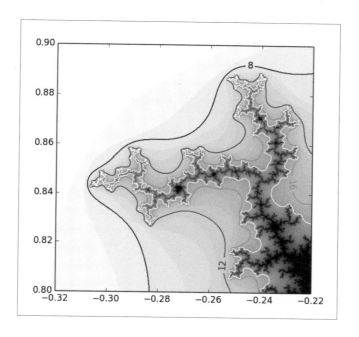

예제 분석

만델브로트 집합을 보여주는 이전 예제에서 사용한 코드를 인식한다. 여기서 유일한 차이는 xmin, xmax, ymin, ymax 값을 변경해 만델브로트 집합의 특별한 세부 사항 내부를 확대한다는 점이다. 전에 했던 그대로 각 표본의 반복 횟수를 렌더링하는 pyplot.imshow()를 사용한다.

하나만 추가해 만들었다. pyplot.contour() 호출이다. 이 함수는 표본 격자의 X와 Y 좌표와 행렬 Z에 저장한 표본을 취한다. 이 함수는 levels 리스트에서 지정한 값에 대응하는 등고선을 렌더링한다. 선택적인 파라미터인 cmap을 이용해 컬러맵으로 레벨을 채색할 수 있다. 모든 등고선의 유일한 한 컬러만 지정하는 선택적인 파라미터인 color를 사용할 수 있었다.

각 등고선의 레벨을 막대 차트나 그림에 직접 보여줄 수 있다. `pyplot.contour()` 함수는 Contour 인스턴스를 반환한다. `pyplot.clabel()` 함수는 Contour 인스턴스와 등고선당 레이블을 렌더링하는 선택적인 형식 문자열을 취한다.

부연 설명

여기서 선처럼 간단하게 등고선을 보여준다. 다만, 채운 등고선을 볼 수 있다. 전에 사용했던 만델브로트의 동일한 세부 사항을 보자.

```python
import numpy as np
from matplotlib import pyplot as plt
import matplotlib.cm as cm

def iter_count(C, max_iter):
  X = C
  for n in range(max_iter):
    if abs(X) > 2.:
      return n
    X = X ** 2 + C
  return max_iter

N = 512
max_iter = 64
xmin, xmax, ymin, ymax = -0.32, -0.22, 0.8, 0.9
X = np.linspace(xmin, xmax, N)
Y = np.linspace(ymin, ymax, N)
Z = np.empty((N, N))

for i, y in enumerate(Y):
  for j, x in enumerate(X):
    Z[i, j] = iter_count(complex(x, y), max_iter)

levels = [0, 8, 12, 16, 20, 24, 32]
plt.contourf(X, Y, Z, levels, cmap = cm.gray, antialiased = True)
plt.show()
```

앞 스크립트는 다음과 같은 결과를 만든다.

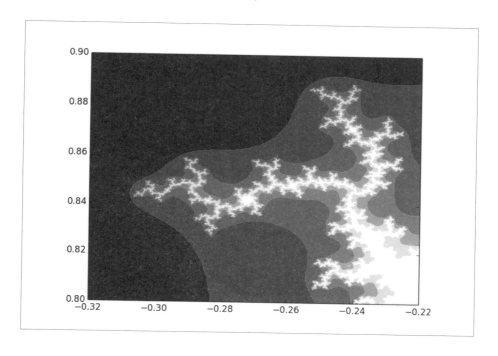

여기서 pyplot.contour()를 pyplot.contourf()로 간단하게 바꾼 후, 등고선에 대한 추가 레벨을 사용했다. 기본적으로는 채운 등고선에 안티앨리어싱antialiasing 을 수행하지 않는다. 눈이 매우 편한 결과를 갖기 위해 선택적인 파라미터인 antialiased를 사용했다.

2D 벡터장 시각화

지금까지 2D 평면의 각 점에 값을 연결하는 기능인 2D 스칼라장을 처리했다. 벡터장은 2D 평면의 각 점에 2D 벡터를 연결한다. 벡터장은 물리학에서 흔하며, 미분 방정식의 해답을 제공한다. 맷플롯립은 벡터장을 시각화하는 함수를 제공한다.

이번 예제의 경우, 기호 계산symbolic computations용 패키지인 심파이SymPy 패키지가 필요하다. 이 패키지는 예제를 짧게 유지할 때 사용했으며, 벡터장 작업을 요구하지 않는다.

벡터장 시각화를 보여주기 위해 실린더를 둘러싼 비압축성 유체 흐름의 유속을 시각화해보자. 벡터장을 계산하는 방법에 관해 걱정할 필요가 없으며, 단지 어떻게 보여줄지 고려한다. 필요한 것은 pyplot.quiver() 함수다. 다음 코드를 참고하자.

```
import numpy as np
import sympy
from sympy.abc import x, y
from matplotlib import pyplot as plt
import matplotlib.patches as patches

def cylinder_stream_function(U = 1, R = 1):
  r = sympy.sqrt(x ** 2 + y ** 2)
  theta = sympy.atan2(y, x)
  return U * (r - R ** 2 / r) * sympy.sin(theta)

def velocity_field(psi):
  u = sympy.lambdify((x, y), psi.diff(y), 'numpy')
  v = sympy.lambdify((x, y), -psi.diff(x), 'numpy')
  return u, v

U_func, V_func = velocity_field(cylinder_stream_function() )

xmin, xmax, ymin, ymax = -2.5, 2.5, -2.5, 2.5
Y, X = np.ogrid[ymin:ymax:16j, xmin:xmax:16j]
U, V = U_func(X, Y), V_func(X, Y)
```

```
M = (X ** 2 + Y ** 2) < 1.
U = np.ma.masked_array(U, mask = M)
V = np.ma.masked_array(V, mask = M)

shape = patches.Circle((0, 0), radius = 1., lw = 2., fc = 'w', ec
   = 'k', zorder = 0)
plt.gca().add_patch(shape)

plt.quiver(X, Y, U, V, zorder = 1)

plt.axes().set_aspect('equal')
plt.show()
```

앞 그림은 다음과 같은 결과를 만든다.

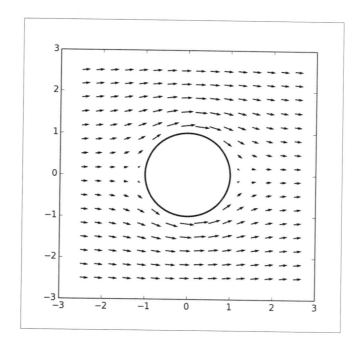

이번 스크립트가 약간 길지라도 순수한 그래픽 부분은 간단하다. 행렬 U와 V에 벡터장을 저장한다. 각 벡터의 좌표는 벡터장으로부터 표본화했다. 행렬 X와 Y는 표본 위치를 포함한다. 행렬 X, Y, U, V를 벡터장을 렌더링하는 pylot.quiver()에 전달한다. pyplot.quiver()는 파라미터로 U와 V만 취할 수 있지만, 범례로 U, V의 좌표 대신에 표본의 첨자를 보여줌을 주목하자.

여기서 보여줄 때 사용했던 벡터장은 실린더를 둘러싼 유체 흐름이고, 실린더 자체는 다음과 같다.

```
shape = patches.Circle((0, 0), radius = 1., lw = 2., fc = 'w', ec
  = 'k', zorder = 0)
plt.gca().add_patch(shape)
```

실린더 내부의 벡터장이 나타나지 않으므로 마스크인 배열을 사용한다. 먼저 보여줘야 할 표본을 정의한 마스크를 생성한 후에, 다음 스크립트와 같이 U와 V에 이 마스크를 적용한다.

```
M = (X ** 2 + Y ** 2) < 1.
U = np.ma.masked_array(U, mask = M)
V = np.ma.masked_array(V, mask = M)
```

이것은 해에 특이성을 숨길 수 있게 한다.

2D 벡터장의 유선 시각화

벡터장을 표현하는 화살표 사용을 제법 할 수 있다. 하지만 맷플롯립은 화살표보다 더 잘할 수 있으며, 벡터장의 유선을 보여줄 수 있다. 유선은 벡터장 흐름이 어떤지 보여준다. 이번 예제에서 유선을 생성하는 방법을 보여준다.

이전 예제의 유체 흐름 예시를 사용해보자. 다음 코드와 같이 화살표를 유선으로 간단하게 바꾼다.

```python
import numpy as np
import sympy
from sympy.abc import x, y
from matplotlib import pyplot as plt
import matplotlib.patches as patches

def cylinder_stream_function(U = 1, R = 1):
  r = sympy.sqrt(x ** 2 + y ** 2)
  theta = sympy.atan2(y, x)
  return U * (r - R ** 2 / r) * sympy.sin(theta)

def velocity_field(psi):
  u = sympy.lambdify((x, y), psi.diff(y), 'numpy')
  v = sympy.lambdify((x, y), -psi.diff(x), 'numpy')
  return u, v

psi = cylinder_stream_function()
U_func, V_func = velocity_field(psi)

xmin, xmax, ymin, ymax = -3, 3, -3, 3
Y, X = np.ogrid[ymin:ymax:128j, xmin:xmax:128j]
U, V = U_func(X, Y), V_func(X, Y)

M = (X ** 2 + Y ** 2) < 1.
U = np.ma.masked_array(U, mask = M)
V = np.ma.masked_array(V, mask = M)

shape = patches.Circle((0, 0), radius = 1., lw = 2., fc = 'w', ec
  = 'k', zorder = 0)
plt.gca().add_patch(shape)

plt.streamplot(X, Y, U, V, color = 'k')
```

```
plt.axes().set_aspect('equal')
plt.show()
```

앞 스크립트는 다음 그림과 같이 실린더 주위의 유체 흐름을 표시한다.

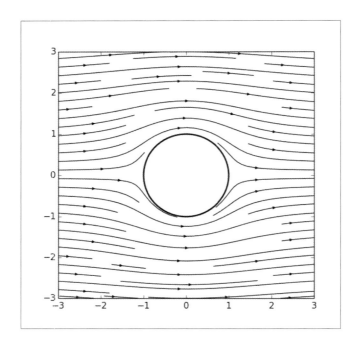

이 코드는 이전 예제처럼 표본 벡터의 좌표를 생성하는 과정은 동일하다. 여기서 정확한 유속을 얻기 위해 많은 표본(32*32 대신에 128*128)을 사용한다. 이와 별개로, 유일한 차이는 pyplot.quiver() 대신에 pyplot.streamlines()를 사용한다는 점이다. 4가지 필수 파라미터인 표본의 X와 Y 좌표와 U와 V 벡터의 좌표가 동일하다. 유속의 컬러를 설정할 때 선택적인 파라미터인 color를 사용한다.

202

컬러맵을 선택적인 파라미터인 color와 cmap을 함께 사용해 유선을 채색할 수
있다.

```
plt.streamplot(X, Y, U, V, color = U ** 2 + V ** 2, cmap =
    cm.binary)
```

color 파라미터는 유속을 채색할 때 사용하는 2D 배열을 취한다. 이번 예제에서
는 다음 그림에서 보듯이 컬러는 흐름의 속도를 반영한다.

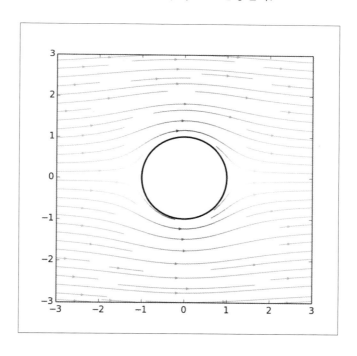

7 3D 그림 사용

7장에서는 다음과 같은 내용을 다룬다.

- 3D 분산형 플롯 생성

- 3D 곡선 플롯 생성

- 스칼라장을 3D로 그리기

- 파라미터 3D 곡면parametric 3D surface 그리기

- 3D 그림 안에 2D 그림을 넣기

- 3D 막대 플롯 생성

소개

맷플롯립은 3차원 플롯을 계속 늘려 지원하고 있다. 1.2 버전 이후의 3D 그림을 만드는 API는 2D API와 매우 비슷하다. 플롯에 차원을 하나 더 추가하는 것은 한눈에 볼 수 있게 많은 정보를 시각화할 때 도움이 된다. 또한 3D 플롯은 프리젠테

이션이나 수업 시간에서 꽤 주목을 끈다. 7장에서는 맷플롯립이 3차원으로 할 수 있는 작업이 무엇인지 탐색한다.

3D 분산형 플롯 생성

분산형 플롯은 매우 간단한 플롯이다. 데이터 집합의 각 점에 대해 그림에 한 점씩 보여준다. 한 점의 좌표는 단순하게 대응하는 데이터의 좌표다. 1장에서 2차원인 분산형 플롯을 이미 조사했다. 이번 예제에서 아주 작은 변경만으로 동일한 방식으로 작동하는 3차원 분산형 플롯을 보여준다.

이번 예제 시각화를 위한 몇몇 흥미로운 데이터를 갖기 위해 로렌츠Lorenz가 발견한 이상한 끌개strange attractor를 사용한다. 이상한 끌개는 기상학meteorology에서 나오는 단순한 동적 시스템의 해를 대표하는 3D 구조체다. 동적 시스템은 카오틱 시스템caotic system의 유명한 교과서적인 예다.

예제 구현

다음 코드에서 pyplot의 메소드를 호출하는 대신에 Axes 인스턴스의 그림을 렌더링하는 메소드를 호출한다.

```
import numpy as np
from mpl_toolkits.mplot3d import Axes3D
import matplotlib.pyplot as plt

# Dataset generation
a, b, c = 10., 28., 8. / 3.
def lorenz_map(X, dt = 1e-2):
  X_dt = np.array([a * (X[1] - X[0]),
                   X[0] * (b - X[2]) - X[1],
                   X[0] * X[1] - c * X[2]])
  return X + dt * X_dt
```

```
points = np.zeros((2000, 3))
X = np.array([.1, .0, .0])
for i in range(points.shape[0]):
  points[i], X = X, lorenz_map(X)

# Plotting
fig = plt.figure()
ax = fig.gca(projection = '3d')

ax.set_xlabel('X axis')
ax.set_ylabel('Y axis')
ax.set_zlabel('Z axis')
ax.set_title('Lorenz Attractor a=%0.2f b=%0.2f c=%0.2f' % (a, b, c))

ax.scatter(points[:, 0], points[:, 1], points[:, 2], zdir = 'y', c = 'k')
plt.show()
```

앞 코드는 지금 매우 친숙한 사용자 인터페이스인 다음 그림을 보여준다.

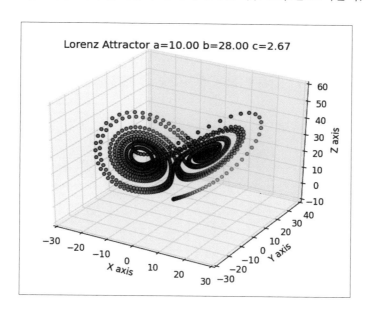

눈 앞에 로렌츠 끌개가 나타났다! 그림 내부에 마우스로 드래그하면(왼쪽 버튼을 누른 채 마우스를 이동), 트랙볼을 만졌을 때처럼 3D 모양을 회전한다. 그림을 회전할 수 있고, 모든 가능한 각도에서 로렌츠 끌개를 조사할 수 있다. 모든 점이 파란색이지만, 일부 점의 음영을 흰색으로 처리함에 주목하자. 맷플롯립은 분산형 플롯의 깊이 지각depth perception을 개선하기 위해 안개 같은 효과를 적용한다. 눈에 멀리 있는 점을 흰색으로 디더링하며, 르네상스 시대의 화가가 이미 알고 있었던 오래된 기법이다.

이번 예제를 위한 데이터 생성에 너무 지나치게끔 매달리지 않는다. 여기서는 데이터 생성이 중요하지 않다. 단지 데이터 집합을 3열로 행렬 점에 저장함을 알 필요가 있으며, 차원당 1열이다.

맷플롯립으로 3차원인 무언가를 하기 전에 우선 맷플롯립용 3D 확장을 가져 와야 한다. 이것은 다음 import 지시자의 목적이다.

```
from mpl_toolkits.mplot3d import Axes3D
```

지금까지 주로 pyplot의 메소드를 호출해 모든 렌더링 지시를 따랐다. 하지만 다음 스크립트에서 보듯이 3차원 플롯 경우 조금 더 복잡하다.

```
fig = plt.figure()
ax = fig.gca(projection = '3d')
```

Figure 인스턴스를 생성한 후, Axes3D 인스턴스를 Figure 인스턴스에 붙인다. Axes 인스턴스는 일반 2D 렌더링 역할을 하는 반면, Axes3D는 3D 렌더링을 처리한다. 그 다음에는 다음 코드와 같이 3D 분산형 플롯은 2D 분산형 플롯과 정확하게 똑같이 작동한다.

```
ax.scatter(points[:, 0], points[:, 1], points[:, 2])
```

표현하기 위해 점의 X, Y, Z 좌표를 제공한다. 여기서 간단하게 점 행렬의 3열을 제공한다. 단순한 파이썬 리스트를 사용할 수 있었지만, 편의상 넘파이 배열을 사용한다. 다시 한번 말하자면, Axes3D의 scatter() 메소드를 호출하며, pyplot의

scatter 메소드가 아님에 주의하자. Axes3D의 scatter() 메소드만 3D 데이터를 해석한다.

끝으로, Axes3D 인스턴스로부터 호출할 수 있겠지만, 3장에서 탐색한 함수를 활용할 수도 있다. set_title()로 제목을 설정하고, set_xlabel(), set_ylabel(), set_zlabel()로 축에 주석을 단다.

부연 설명

방금 봤듯이 3D 분산형 플롯은 2D에서 했던 것과 똑같이 작동한다. 사실은 Axes3D 인스턴스를 생성하는 코드 설정과 별개로 모두 2D에서 작동하는 것처럼 보인다. 그저 직감은 아니다. 예로 사용자 정의 분산형 플롯은 정확히 같은 방법으로 작동한다. 다음과 같이 Axes3D.scatter()를 호출하는 부분을 바꿔 표식 모양과 컬러를 변경하자.

결과는 다음 그림처럼 나타난다.

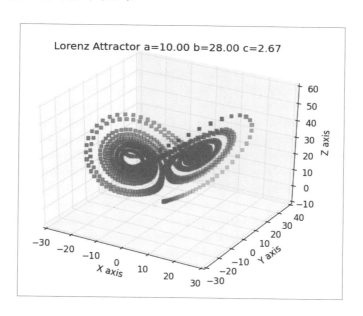

실제로 2장에 있는 모든 팁과 트릭은 3D에서도 통한다.

3D 곡선 플롯 생성

이전 예제에서 보여줬듯이, 6장에서 배운 내용이 3차원 그림을 생성할 때에도 통한다. 3D 파라미터 곡선parametric curves을 그리는 과정에서 확인해보자. 이번 예제에서는 이전 예제의 동일한 데이터 집합 즉 로렌츠 끌개를 동일하게 사용한다.

2D에서 pyplot.plot()을 호출해 곡선을 그렸다. 이전 예제에서 눈치챘겠지만, 여기서 할 일은 다음 코드와 같이 Axes3D 인스턴스를 설정한 후, plot() 메소드를 호출하는 것이다.

```python
import numpy as np
from mpl_toolkits.mplot3d import Axes3D
import matplotlib.pyplot as plt

a, b, c = 10., 28., 8. / 3.

def lorenz_map(X, dt = 1e-2):
  X_dt = np.array([a * (X[1] - X[0]),
                   X[0] * (b - X[2]) - X[1],
                   X[0] * X[1] - c * X[2]])
  return X + dt * X_dt

points = np.zeros((10000, 3))
X = np.array([.1, .0, .0])
for i in range(points.shape[0]):
  points[i], X = X, lorenz_map(X)

fig = plt.figure()
ax = fig.gca(projection = '3d')
ax.plot(points[:, 0], points[:, 1], points[:, 2], c = 'k')
plt.show()
```

앞 코드는 친숙한 로렌츠 끌개를 보여준다. 다만, 각 데이터 점을 단순하게 보여주는 대신에 다음 그림과 같이 곡선으로 점을 연결한다.

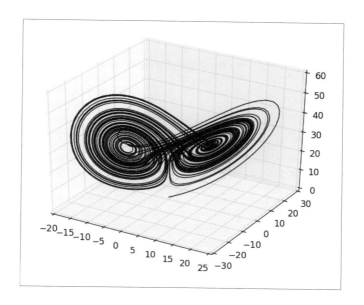

사용자 인터페이스인 보기를 회전하면, 로렌츠 끌개의 특정 뒤얽힌 나선형 구조가 매우 뚜렷하게 나타난다.

어떠한 3차원 그림일 경우, 먼저 Axes3D 인스턴스를 설정한 다음, 차원당 한 리스트와 각 차원에 대한 점 좌표를 제공해 plot()을 호출하면 2D의 plot()과 유사하게 작동한다.

스칼라장을 3D로 그리기

지금까지는 3D 플롯이 근본적으로 2D 플롯을 모방했음을 봤다. 하지만 맷플롯립의 3차원 플롯팅 기능이 더 많으며, 물론 많은 그림을 3차원으로 구체화할 수 있다. 2D 스칼라장을 3차원 표면으로 그리는 간단한 사용 사례부터 시작하자.

늘 그렇듯이 몇몇 테스트 데이터를 생성하고, Axes3D 인스턴스를 설정한 후에 그 데이터를 전달한다.

```
import numpy as np
from matplotlib import cm
from mpl_toolkits.mplot3d import Axes3D
import matplotlib.pyplot as plt

x = np.linspace(-3, 3, 256)
y = np.linspace(-3, 3, 256)
X, Y = np.meshgrid(x, y)
Z = np.sinc(np.sqrt(X ** 2 + Y ** 2))

fig = plt.figure()
ax = fig.gca(projection = '3d')
ax.plot_surface(X, Y, Z, cmap=cm.gray)
plt.show()
```

앞 코드는 다음과 같은 결과를 보여준다.

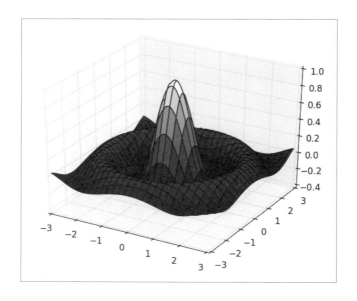

데이터 생성 작업은 정확히는 6장에서 보여줬던 작업과 동일하다. 생성한 두 행렬인 X과 Y가 정규 격자의 좌표에 들어 있다. 행렬 Z와 스칼라장 함수인 X와 Y를 계산한다.

여기서부터는 별 것도 없다. 스칼라장을 3D 표면으로 표시하는 X, Y, Z를 취하는 plot_surface() 메소드를 호출한다. 컬러를 컬러맵(선택적인 파라미터인 cmap)과 행렬 Z에서 가져온다.

3D 표면에 있는 검은 곡선을 보고 싶지 않을 수 있다. 다음 코드에서 보듯이, plot_surface()의 몇몇 추가 선택적인 파라미터를 사용해 수행할 수 있다.

```
ax.plot_surface(X, Y, Z,
  cmap=cm.gray,
  linewidth=0,
  antialiased=False)
```

검은 곡선이 사라졌으며, 다음처럼 더 간단한 그림을 만든다.

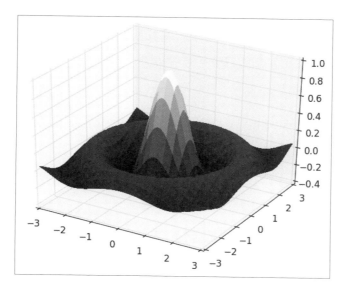

다른 한편으로는 검은 곡선을 그대로 두되 화려한 컬러를 제거하고 싶을 수 있다. 물론 다음 코드처럼 plot_surface()의 선택적인 파라미터로 수행할 수 있다.

```
ax.plot_surface(X, Y, Z, color = 'w')
```

다음 그림과 같이 검은 곡선만 남기되 최소한의 표면 플롯을 만든다.

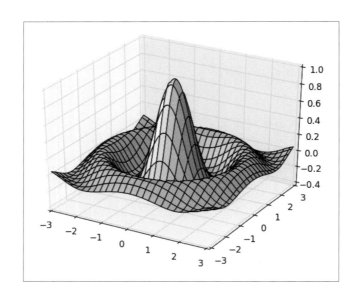

끝으로, 숨겨진 면을 제거하길 원하고 표면을 철사구조wireframe로 만들고 싶을 수 있다. 지금은 plot_surface()로 달성할 수 있는 일이 아니다. 아무튼 다음 코드와 같이 plot_wireframe()으로 그냥 만들 수 있다.

```
ax.plot_wireframe(X, Y, Z, cstride=8, rstride=8, color = 'k')
```

자, 철사구조 스타일로 렌더링한 동일한 표면은 다음 그림과 같다.

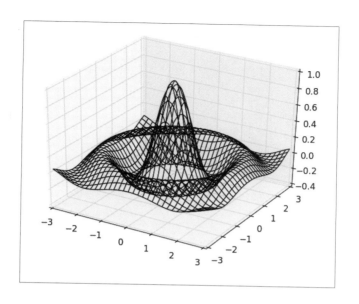

`plot_wirefreame()` 파라미터는 `plot_surface()` 파라미터와 마찬가지로 동일한 X, Y, Z 좌표를 입력으로 취한다. 두 선택적인 파라미터인 `rstride`와 `cstride`를 사용하는데, X와 Y축에 있는 8개의 모든 좌표를 무시하도록 맷플롯립에게 통지한다. 두 파라미터가 없다면 곡선 사이의 공간이 너무 작게 되어 거대한 검은 윤곽을 보게 된다.

파라미터 3D 곡면 그리기

이전 예제에서 스칼라장을 그리는 `plot_surface()`를 사용했다. 즉, f(x, y) = z 형태의 함수다. 하지만 맷플롯립은 포괄적인 파라미터 3D 표면을 그릴 수 있다. 매우 단순한 파라미터 표면인 도넛torus을 그려 입증해보자.

도넛을 표시하기 위해 plot_surface()를 다시 쓰며, 다음 코드를 사용한다.

```python
import numpy as np
from mpl_toolkits.mplot3d import Axes3D
import matplotlib.pyplot as plt

# 도넛 망사tours mesh 생성
angle = np.linspace(0, 2 * np.pi, 32)
theta, phi = np.meshgrid(angle, angle)
r, R = .25, 1.
X = (R + r * np.cos(phi)) * np.cos(theta)
Y = (R + r * np.cos(phi)) * np.sin(theta)
Z = r * np.sin(phi)

# 망사 표시
fig = plt.figure()
ax = fig.gca(projection = '3d')
ax.set_xlim3d(-1, 1)
ax.set_ylim3d(-1, 1)
ax.set_zlim3d(-1, 1)
ax.plot_surface(X, Y, Z, color = 'w', rstride = 1, cstride = 1)
plt.show()
```

앞 코드는 다음처럼 도넛을 표시한다.

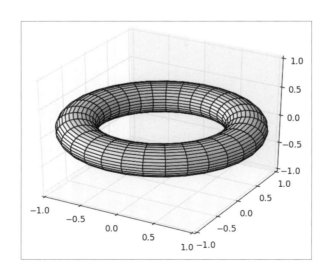

도넛은 표면이며, 두 파라미터인 theta와 phi로 파라미터화한다. 다음 코드처럼 0부터 2*pi까지 다양하다.

```
angle = np.linspace(0, 2 * np.pi, 32)
theta, phi = np.meshgrid(angle, angle)
```

theta와 phi 변수는 정규 격자 배치를 기술한다. 다음 코드와 같이, 도넛 망사의 3D 좌표를 theta와 phi의 함수로 작성한다.

```
r, R = .25, 1.
X = (R + r * np.cos(phi)) * np.cos(theta)
Y = (R + r * np.cos(phi)) * np.sin(theta)
Z = r * np.sin(phi)
```

그 다음에는 plot_surface() 메소드에 X, Y, Z를 간단하게 전달한다. plot_surface() 메소드는 X, Y, Z가 격자화된 데이터라고 가정한다. X, Y, Z가 격자화된 데이터임이 분명하도록 선택적인 파라미터인 rstride와 cstride를 설정해야 한다.

명시적으로 축의 한계를 [-1, 1] 범위로 설정한다. 기본적으로, 3D 플롯을 생성하는 과정에서 맷플롯립은 각 축을 자동으로 크기 조정한다. X축과 Y축의 [-1 1] 범위에서 도넛을 확장하지만, Y축의 [-.25, .25] 범위만 그대로다. 맷플롯립이 축의 크기를 조정하게 놔두면, 다음 그림과 같이 Z축을 잡아 당긴 도넛으로 나타난다.

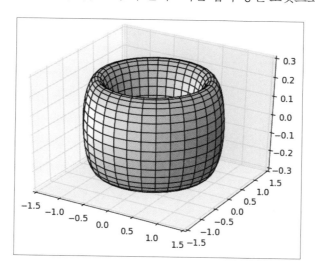

따라서 3D 표면을 그릴 때, 적절하게 크기 조정된 뷰를 얻으려면 축 범위를 수동으로 설정해야 한다.

이전 예제에서 봤듯이 다음 코드를 사용해 도넛을 철사 구조 뷰를 얻기 위해 `plot_surface()`를 `plot_wireframe()`으로 바꿔 호출할 수 있다.

```
ax.plot_wireframe(X, Y, Z, color = 'k', rstride = 1, cstride = 1)
```

다음 그림과 같이 간단한 변경만으로 철사구조 뷰를 얻기에 충분하다.

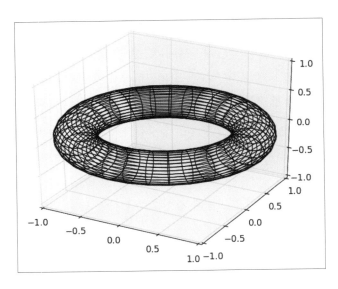

3D 그림 안에 2D 그림을 넣기

3장에서 그림에 주석을 다는 방법을 봤었다. 3차원 그림에 주석을 다는 강력한 방법은 2차원 그림을 간단하게 활용함에 있다. 이번 예제는 이렇게 가능함을 보여주기 위한 간단한 예시다.

아이디어를 보여주기 위해 다음 코드와 같이 전에 이미 봤던 원시 요소만 사용해
단순한 3D 표면과 두 곡선을 그린다.

```
import numpy as np
from mpl_toolkits.mplot3d import Axes3D
import matplotlib.pyplot as plt

x = np.linspace(-3, 3, 256)
y = np.linspace(-3, 3, 256)
X, Y = np.meshgrid(x, y)
Z = np.exp(-(X ** 2 + Y ** 2))
u = np.exp(-(x ** 2))

fig = plt.figure()
ax = fig.gca(projection = '3d')
ax.set_zlim3d(0, 3)
ax.plot(x, u, zs=3, zdir='y', lw = 2, color = '.75')
ax.plot(x, u, zs=-3, zdir='x', lw = 2., color = 'k')
ax.plot_surface(X, Y, Z, color = 'w')

plt.show()
```

앞 코드는 다음과 같은 그림을 만든다.

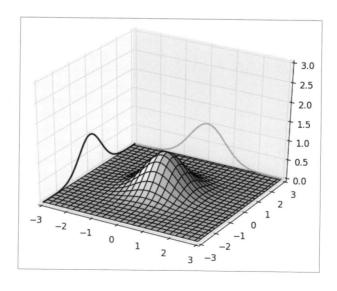

검은 곡선과 회색 곡선을 평면에 투영한 2D 곡선으로 그린다.

이전 예제에서 보듯이 3D 표면을 생성한다. Axes3D 인스턴스인 ax는 다음 코드에서 보듯이 plot() 같은 일반적인 2D 렌더링 명령어를 지원한다.

```
ax.plot(x, u, zs=3, zdir='y', lw = 2, color = '.75')
```

다만, 새로운 두 선택적인 파라미터인 zs와 zdir을 갖는 plot()을 호출한다.

- zdir: 2D 플롯을 그릴 평면인 X, Y 또는 Z를 결정한다.
- zs: 평면의 오프셋을 결정한다.

따라서 3D 그림 안에 2D 그림을 넣기 위해서는 Axes3D로 활용할 수 있는 모든 2D 원시 요소를 꼭 기억해야 한다. 단지 두 선택적인 파라미터인 zdir와 zs를 갖고, 렌더링해야 하는 평면을 그림에 배치하도록 설정한다.

3D 그림 안에 2D 그림을 넣는 것은 매우 간단하지만, 지금까지 살펴봤던 간단한 원시 요소를 사용해 정교한 그림을 생성할 수 있는 많은 가능성이 열려 있다. 예로 다음 코드를 사용해 계층 막대 그래프 생성하는 모든 것을 이미 알고 있다.

```
import numpy as np
from matplotlib import cm
import matplotlib.colors as col
from mpl_toolkits.mplot3d import Axes3D
import matplotlib.pyplot as plt


# 데이터 생성
alpha = 1. / np.linspace(1, 8, 5)
t = np.linspace(0, 5, 16)
T, A = np.meshgrid(t, alpha)
```

```
data = np.exp(-T * A)

# 그리기
fig = plt.figure()
ax = fig.gca(projection = '3d')
cmap = cm.ScalarMappable(col.Normalize(0, len(alpha)), cm.gray)
for i, row in enumerate(data):
  ax.bar(4 * t, row, zs=i, zdir='y', alpha=0.8, color=cmap.to_rgba(i))
plt.show()
```

앞 코드는 다음과 같은 그림을 만든다.

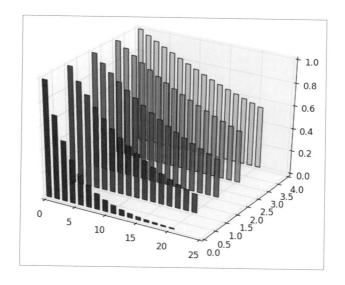

앞 코드는 이전 장에서 소개했던 특징을 사용하고 있음을 볼 수 있다.

- 막대 그래프 생성은 1장에서 다뤘다.
- 컬러맵을 이용한 막대 그래프 채색은 2장에서 다뤘다.
- 막대 그래프 배치는 이전 예제에서 다뤘다.

3D 막대 플롯 생성

3D 그림 내 여러 2D 계층을 사용해 다중 막대 플롯을 그릴 수 있다. 아무튼 전체 3D로 하되 실제 3D 막대로 막대 플롯을 그릴 수 있다.

예제 구현

3D 막대 플롯을 보여주기 위해, 다음 코드와 같이 이전 예제의 간단한 종합적인 데이터 집합을 사용한다.

```python
import numpy as np
from mpl_toolkits.mplot3d import Axes3D
import matplotlib.pyplot as plt

# 데이터 생성
alpha = np.linspace(1, 8, 5)
t = np.linspace(0, 5, 16)
T, A = np.meshgrid(t, alpha)
data = np.exp(-T * (1. / A))

# 그리기
fig = plt.figure()
ax = fig.gca(projection = '3d')

Xi = T.flatten()
Yi = A.flatten()
Zi = np.zeros(data.size)

dx = .25 * np.ones(data.size)
dy = .25 * np.ones(data.size)
dz = data.flatten()

ax.set_xlabel('T')
ax.set_ylabel('Alpha')
ax.bar3d(Xi, Yi, Zi, dx, dy, dz, color = 'w')

plt.show()
```

이번에는 다음 그림에서 보듯이 막대는 3D 블록으로 나타난다.

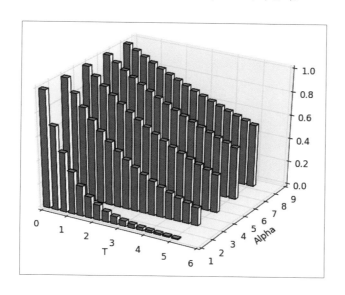

예제 분석

막대를 격자 배열로 배치한다. bar3d() 메소드는 6가지 필수 파라미터를 입력으로 취한다. 첫 세 파라미터는 각 막대 하단의 X, Y, Z 좌표이다. 여기서 다음과 같이 데이터 집합으로부터 막대의 좌표를 구성한다.

```
Xi = T.flatten()
Yi = A.flatten()
Zi = np.zeros(data.size)
```

각 막대는 동일한 레벨인 0에서 시작한다. X와 Y 좌표는 데이터 집합의 좌표다. bar3d() 메소드는 좌표 리스트를 입력으로 취하지만, 격자화된 좌표가 아니며, 행렬 A와 T의 flattern 메소드를 호출하는 이유다.

bar3d() 메소드의 다음 세 필수 파라미터는 각 차원에 있는 각 막대의 차원이다. 여기서 막대의 높이를 data 행렬에서 가져온다. 막대의 너비와 깊이는 다음 코드에서 보듯이 0.25로 설정한다.

```
dx = .25 * np.ones(data.size)
dy = .25 * np.ones(data.size)
dz = data.flatten()
```

이제 다음 코드를 사용해 bar3d()를 호출할 수 있다.

```
ax.bar3d(Xi, Yi, Zi, dx, dy, dz, color = 'w')
```

8

사용자 인터페이스

8장에서는 다음과 같은 내용을 다룬다.

- 사용자가 제어할 수 있는 플롯 생성
- 플롯을 트킨터Tkinter 사용자 인터페이스에 통합
- 플롯을 wxWidgets 사용자 인터페이스에 통합
- 플롯을 GTK 사용자 인터페이스에 통합
- 플롯을 파이글렛Pyglet 애플리케이션에 통합

소개

맷플롯립은 그림을 그리는 것 말고도 더 많이 할 수 있다. 상호 대화 가능한 그림을 그릴 수 있다. 대화형 시각화는 몇몇 데이터 탐색과 몇몇 흥미로운 패턴을 찾는 아주 좋은 방법일 수 있다. 또한 대화형 그림은 교육 목적을 위한 큰 지원일 수 있다. 8장에서는 대화형 플롯을 생성하는 다른 선택사항을 살펴본다.

사용자가 제어할 수 있는 플롯 생성

맷플롯립은 추가 패키지 필요 없이 곧바로 사용자가 그림과 대화할 수 있도록 그림에 컨트롤러를 추가하는 원시 요소를 제공한다. 이번 예제에서는 유명한 파라미터 곡선을 그리는 방법을 보여준다. 6개의 파라미터인 A, B, M, N1, N2, N3로 파라미터 곡선을 제어할 수 있다. 이 파라미터는 곡선의 모양을 결정한다. 사용자가 그림에서 커서를 움직여 대화형으로 해당 파라미터를 설정할 수 있다.

예제 구현

다음 코드는 pyplot.plot()을 사용해 곡선을 표시하며, 현 시점에서 단순해야 한다. 아무튼 지금 사용자 인터페이스 요소(통상 위젯widgets이라고 한다) 즉, 슬라이더를 사용할 수 있다. 이것은 다음과 같은 단계로 수행할 수 있다.

1. 다음처럼 필수인 임포트 지시자부터 시작한다.

```
import numpy as np
from matplotlib import pyplot as plt
from matplotlib.widgets import Slider
```

2. 다음과 같이 함수로 수퍼쉐이프SuperShape 곡선을 정의한다.

```
def supershape_radius(phi, a, b, m, n1, n2, n3):
theta = .25 * m * phi
cos = np.fabs(np.cos(theta) / a) ** n2
sin = np.fabs(np.sin(theta) / b) ** n3
r = (cos + sin) ** (-1. / n1)
r /= np.max(r)
return r
```

3. 그러면 다음 코드를 이용해 수퍼쉐이프 곡선의 파라미터 초기값을 정의한다.

```
phi = np.linspace(0, 2 * np.pi, 1024)
m_init = 3
n1_init = 2
n2_init = 18
n3_init = 18
```

4. 다음처럼 플롯과 슬라이더 위치를 정의한다.

```
fig = plt.figure()
ax = fig.add_subplot(111, polar = True)

ax_m  = plt.axes([0.05, 0.05, 0.25, 0.025])
ax_n1 = plt.axes([0.05, 0.10, 0.25, 0.025])
ax_n2 = plt.axes([0.7, 0.05, 0.25, 0.025])
ax_n3 = plt.axes([0.7, 0.10, 0.25, 0.025])

slider_m  = Slider(ax_m, 'm', 1, 20, valinit = m_init)
slider_n1 = Slider(ax_n1, 'n1', .1, 10, valinit = n1_init)
slider_n2 = Slider(ax_n2, 'n2', .1, 20, valinit = n2_init)
slider_n3 = Slider(ax_n3, 'n3', .1, 20, valinit = n3_init)
```

5. 다음 코드를 사용해 일단 곡선을 렌더링한다.

```
r = supershape_radius(phi, 1, 1, m_init, n1_init, n2_init, n3_init)
lines, = ax.plot(phi, r, lw = 3.)
```

6. 다음 코드에서 보듯이 사용자가 슬라이더를 수정하면 무슨 일을 할지를 지정한다.

```
def update(val):
  r = supershape_radius(phi, 1, 1, np.floor(slider_m.val), slider_
n1.val, slider_n2.val, slider_n3.val)
  lines.set_ydata(r)
  fig.canvas.draw_idle()

slider_n1.on_changed(update)
slider_n2.on_changed(update)
slider_n3.on_changed(update)
slider_m.on_changed(update)
```

7. 다음처럼 스크립트를 지금 수행하고 결론을 낼 수 있다.

```
plt.show()
```

8. 다음 그림과 같이 앞 코드는 예상대로 곡선을 (가장 기본적인) 슬라이더 컨트롤과
함께 표시한다.

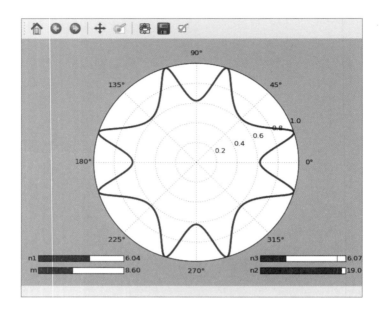

왼쪽이나 오른쪽에 있는 슬라이더를 드래그할 수 있으며, 곡선 변화를 볼 수 있다.
구식 컴퓨터에서는 애니메이션이 현저하게 버벅거리는 느낌이 드니 유의하자.

예제 분석

예제 코드는 보통보다 약간 더 길다. 각개격파하자!

수퍼쉐이프 곡선은 극곡선polar curve이다. supershape_radius 함수는 [0, 2*pi] 간
격의 모든 각도에 대한 반경을 계산한다. 이 함수는 각도 배열과 수퍼쉐이프 곡선
의 6개 파라미터를 입력으로 취한다.

다음 코드와 같이 Figure 인스턴스인 fig와 Axes 인스턴스인 ax를 명시적으로 생
성한다.

```
fig = plt.figure()
ax = fig.add_subplot(111, polar = True)
```

모든 위젯은 matplotlib.widgets 패키지에서 정의된다. 파라미터인 M, N1, N2, N3
에 대한 4가지 슬라이더 위젯을 그림에 배치한다.

각 슬라이더는 plot.axes()를 호출해 생성한 부그림과 관련이 있다. Slider 생
성자를 호출해 각 Slider 인스턴스를 생성한다. 이 생성자는 4가지 필수 파라미
터인 부그림 인스턴스, 레이블, 최저값, 최대값을 취한다. 다음 코드와 같이 각 슬
러이더의 초기 위치를 설정하기 위해 선택적인 파라미터인 valinit를 사용한다.

```
ax_m = plt.axes([0.05, 0.05, 0.25, 0.025])
ax_n1 = plt.axes([0.05, 0.10, 0.25, 0.025])
ax_n2 = plt.axes([0.7, 0.05, 0.25, 0.025])
ax_n3 = plt.axes([0.7, 0.10, 0.25, 0.025])

slider_m = Slider(ax_m, 'm', 1, 20, valinit = m_init)
slider_n1 = Slider(ax_n1, 'n1', .1, 10, valinit = n1_init)
slider_n2 = Slider(ax_n2, 'n2', .1, 20, valinit = n2_init)
slider_n3 = Slider(ax_n3, 'n3', .1, 20, valinit = n3_init)
```

곡선 자체를 그리지만, 렌더링할 무언가를 계속해서 유지한다. lines 변수에 선
모음을 저장하는데, 다음 코드를 사용해 수행할 수 있다.

```
lines, = ax.plot(phi, r, lw = 3.)
```

위치가 바뀌었을 때의 각 슬라이더 행위를 정의하며, 이름이 update인 함수를 호
출한다.

```
slider_n1.on_changed(update)
slider_n2.on_changed(update)
slider_n3.on_changed(update)
slider_m.on_changed(update)
```

update 함수는 다음 코드와 같이 각 슬라이더의 위치를 읽은 후, 곡선의 표시한
각 점 위치를 갱신하며, 선 모음을 수정하고, 끝으로 Figure 인스턴스인 fig에게
변경을 통지한다.

```
def update(val):
  r = supershape_radius(phi, 1, 1, np.floor(slider_m.val), slider_n1.val,
slider_n2.val, slider_n3.val)
  lines.set_ydata(r)
  fig.canvas.draw_idle()
```

마지막으로 다음 코드를 사용해 모두 그릴 준비가 됐다.

```
plt.show()
```

부연 설명

슬라이더 컨트롤은 대화형으로 파라미터를 조정하는 좋은 방법이 분명하겠지만, matplotlib.widgets 패키지에서 활용할 수 있는 많은 위젯이 있다. 버튼과 확인상자를 사용할 수도 있다.

플롯을 트킨터 사용자 인터페이스에 통합

맷플롯립은 대화형 그림을 구성하기 위한 기본 위젯을 제공한다. 하지만 이 위젯은 매우 기본적이며 몇 개 컨트롤러 이상이 필요한 규모에 부합하지 않는다. 실제 그래픽 사용자 인터페이스 라이브러리는 정교한 대화형을 생성할 때 더 적합할 수 있다. 파이썬에 트킨터 같은 라이브러리가 딸려 있다. 트킨터는 몇몇 위젯을 생성하여 창 배치에 붙인다. 오히려 나으며, 맷플롯립은 트킨터로 만든 사용자 인터페이스에 플롯을 통합하는 편리한 고리를 제공한다. 이번 예제에서 이전 예제를 새로 만들며, 다만 사용자 인터페이스 부분인 트킨터를 사용한다.

편리하게도 맷플롯립은 그림을 렌더링할 때 사용할 수 있는 특별한 트킨터 위젯을 제공한다. 특별한 위젯 내부의 그림 갱신은 이전 예제에서 했던 그대로 수행한다. 여기서 따라야 할 단계는 다음과 같다.

1. 다음처럼 필수인 임포트 지시자부터 시작한다.

```
import numpy as np
from tkinter import *
from matplotlib.backends.backend_tkagg import FigureCanvasTkAgg
from matplotlib.figure import Figure
```

여기서 트킨터용 임포트 지시자는 파이썬 3에서만 유효함에 주의하자. 파이썬 2를 사용한다면 tkinter를 Tkinter로 바꿔야 한다.

2. 그러면 다음 코드를 사용해 수퍼쉐이프 곡선용 함수를 정의한다.

```
def supershape_radius(phi, a, b, m, n1, n2, n3):
  theta = .25 * m * phi
  cos = np.fabs(np.cos(theta) / a) ** n2
  sin = np.fabs(np.sin(theta) / b) ** n3
  r = (cos + sin) ** (-1. / n1)

  r /= np.max(r)
  return r
```

3. 다음과 같이 범위를 선형적으로 확장해 다른 객체에 넣는 유틸리티 객체를 정의한다.

```
class LinearScaling(object):
  def __init__(self, src_range, dst_range):
    self.src_start, src_diff = src_range[0], src_range[1] - src_range[0]
    self.dst_start, dst_diff = dst_range[0], dst_range[1] - dst_range[0]
    self.src_to_dst_coeff = dst_diff / src_diff
    self.dst_to_src_coeff = src_diff / dst_diff
```

```
    def src_to_dst(self, X):
        return (X - self.src_start) * self.src_to_dst_coeff + self.dst_start

    def dst_to_src(self, X):
        return (X - self.dst_start) * self.dst_to_src_coeff + self.src_start
```

4. 다음처럼 코드화된 사용자 인터페이스가 나오게 한다.

```
class SuperShapeFrame(Frame):
    def __init__(self, master = None):
        Frame.__init__(self, master)
        self.grid()
        self.m = 3
        self.n1 = 2
        self.n1_scaling = LinearScaling((.1, 20), (0, 200))
        self.n2 = 18
        self.n2_scaling = LinearScaling((.1, 20), (0, 200))
        self.n3 = 18
        self.n3_scaling = LinearScaling((.1, 20), (0, 200))

        self.fig = Figure((6, 6), dpi = 80)
        canvas = FigureCanvasTkAgg(self.fig, master = self)
        canvas.get_tk_widget().grid(row = 0, column = 0, columnspan = 4)

        label = Label(self, text = 'M')
        label.grid(row = 1, column = 1)
        self.m_slider = Scale(self, from_ = 1, to = 20, orient =
            HORIZONTAL, command = lambda i : self.update_m())

        self.m_slider.grid(row = 1, column = 2)

        label = Label(self, text = 'N1')
        label.grid(row = 2, column = 1)
        self.n1_slider = Scale(self, from_ = 0, to = 200, orient =
            HORIZONTAL, command = lambda i : self.update_n1())
        self.n1_slider.grid(row = 2, column = 2)

        label = Label(self, text = 'N2')
        label.grid(row = 3, column = 1)
```

```python
        self.n2_slider = Scale(self, from_ = 0, to = 200, orient =
            HORIZONTAL, command = lambda i : self.update_n2())
        self.n2_slider.grid(row = 3, column = 2)

        label = Label(self, text = 'N3')
        label.grid(row = 4, column = 1)
        self.n3_slider = Scale(self, from_ = 0, to = 200, orient =
            HORIZONTAL, command = lambda i : self.update_n3())
        self.n3_slider.grid(row = 4, column = 2)

        self.draw_figure()

    def update_m(self):
        self.m = self.m_slider.get()
        self.refresh_figure()

    def update_n1(self):
        self.n1 = self.n1_scaling.dst_to_src(self.n1_slider.get())
        self.refresh_figure()

    def update_n2(self):
        self.n2 = self.n2_scaling.dst_to_src(self.n2_slider.get())
        self.refresh_figure()

    def update_n3(self):
        self.n3 = self.n3_scaling.dst_to_src(self.n3_slider.get())
        self.refresh_figure()

    def refresh_figure(self):
        r = supershape_radius(self.phi, 1, 1, self.m, self.n1, self.n2, self.n3)
        self.lines.set_ydata(r)
        self.fig.canvas.draw_idle()

    def draw_figure(self):
        self.phi = np.linspace(0, 2 * numpy.pi, 1024)
        r = supershape_radius(self.phi, 1, 1, self.m, self.n1, self.n2, self.n3)
        ax = self.fig.add_subplot(111, polar = True)
        self.lines, = ax.plot(self.phi, r, lw = 3.)
        self.fig.canvas.draw()
```

5. 마지막으로 다음과 같이 사용자 인터페이스를 설정한 후 시작한다.

```
app = SuperShapeFrame()
app.master.title('SuperShape')
app.mainloop()
```

6. 다음 그림에 보듯이, 그려진 수퍼쉐이프 곡선을 4개의 슬라이더 위젯으로 제어할 수 있다.

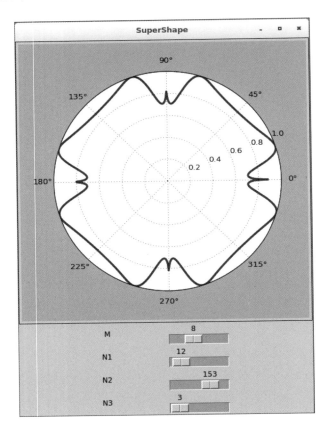

이번 예제에서 TKinter Frame 클래스의 서브클래스_{subclass}인 SuperShapeFrame 객체로 모든 작업을 수행했다. Frame 객체는 트킨터 용어로는 단순히 창이다.

맷플롯립은 matplotlib.backends.backend_tkagg 모듈의 일부인 FigureCanvasTKAgg 객체를 제공한다. FigureCanvasTKAgg 객체는 Figure 인스턴스를 캡슐화하며 트킨터 객체처럼 동작한다. 따라서 이번 예제에는 창(Frame 객체)를 생성한 후, 4개의 슬라이더 인스턴스와 FigureCanvasTKAgg 인스턴스인 위젯을 채운다. 다음처럼 캔버스를 생성한다.

```
self.fig = Figure((6, 6), dpi = 80)
canvas = FigureCanvasTkAgg(self.fig, master = self)
```

먼저 생성한 맷플롯립 그림을 FigureCanvasTKAgg 생성자에게 파라미터로 전달한다. 캔버스 자체를 계속 들고 있을 필요가 없으며, 단지 그림만 유지해야 한다. 캔버스 크기는 그림의 크기와 해상도에 의존한다. 여기서 그림은 각 80dpi인 6개 단위가 있는 정사각형으로서, 480 화소다.

구현에 필요한 두 작업이 있는데, 그림 그리기와 그림 새로고침이다. 단번에 그림을 그려야만 한다. 그런 후에 사용자는 표시한 곡선의 몇몇 파라미터를 변경하면 그림을 새로 고쳐야 한다.

다음과 같이 draw_figure() 메소드를 사용해 그림을 그린다.

```
def draw_figure(self):
    self.phi = np.linspace(0, 2 * numpy.pi, 1024)
    r = supershape_radius(self.phi, 1, 1, self.m, self.n1, self.n2, self.n3)
    ax = self.fig.add_subplot(111, polar = True)
    self.lines, = ax.plot(self.phi, r, lw = 3.)
    self.fig.canvas.draw()
```

Axes 인스턴스인 ax를 Figure 인스턴스에 붙인다. 곡선을 렌더링하고 작업 결과인 선 모음을 유지한다. 끝으로 그림을 렌더링하도록 캔버스에 통지한다.

다음과 같이 refresh_figure() 메소드를 사용해 그림을 새로 고친다.

```
def refresh_figure(self):
    r = supershape_radius(self.phi, 1, 1, self.m, self.n1, self.n2, self.n3)
    self.lines.set_ydata(r)
    self.fig.canvas.draw_idle()
```

그림을 새로 고칠 때 모두 다시 그리지 않는다(하지만 새로 그릴 수 있음). 선 모음을 간단하게 갱신하고, 그림을 수정하도록 캔버스에 통지한다. 사용자가 슬라이더를 변경할 때마다 refresh_figure()를 호출해 그림을 새로 고친다.

트킨터 슬라이더의 한 특징은 슬라이더가 정수값만 반환함에 있다. 하지만 실제로는 과학이나 공학 관점에서 부동소수점이 필요하다. 이런 문제를 해결하기 위해 한 범위를 다른 범위로 선형적으로 값을 크기 조정하는 LinearScaling 클래스를 구현한다. 슬라이더는 0부터 200까지의 범위가 주어져 있다. 슬라이더 위치를 파라미터의 실제값으로 변환하기 위해 각 4개 파라미터 전용 LinearScaling 인스턴스를 생성한다.

플롯을 wxWidgets 사용자 인터페이스에 통합

트킨터를 사용하면 맷플롯립의 플롯팅 기능과 완벽한 GUI 라이브러리를 조합할 수 있다. 트킨터는 표준 파이썬만 필요하다는 장점이 있다. 아무튼 트킨터와 고전적인 반대라면 어떻게 보일까? 트킨터 사용자 인터페이스는 자체 룩앤필look and feel을 갖지만, 실행 플랫폼의 룩앤드필이 아니다.

wxWidgets 사용자 인터페이스는 다른 파이썬용 GUI 모듈이며, wx 라이브러리를 바인딩한다. wx 라이브러리는 윈도우, 맥 OS X, 리눅스의 그래픽 인터페이스를 생성하는 공통 API를 전시한다. 실행 플랫폼의 룩앤필을 갖는 그래픽 인터페이스를 wx로 생성한다. 이번 예제에서는 맷플롯립으로 wxWidgets과 접속할 수 있는 방법을 살펴본다.

일반적인 아이디어는 맷플롯립/트킨터 통합에서 했던 것과 매우 유사하다. 맷플롯립은 Figure 객체를 내장한 특별한 wxWidgets을 제공한다. 다음 단계와 같이 Figure 객체 생성과 갱신은 전과 동일한 방법으로 동작한다.

1. 다음처럼 필수 지시자부터 시작한다.

```
import wx
import numpy as np
from matplotlib.backends.backend_wxagg import FigureCanvasWxAgg
from matplotlib.figure import Figure
```

2. 다음 코드를 이용해 수퍼쉐이프 곡선을 정의한 함수를 추가한다.

```
def supershape_radius(phi, a, b, m, n1, n2, n3):
  theta = .25 * m * phi

  cos = np.fabs(np.cos(theta) / a) ** n2
  sin = np.fabs(np.sin(theta) / b) ** n3
  r = (cos + sin) ** (-1. / n1)
  r /= np.max(r)
  return r
```

3. 다음과 같이 범위를 선형적으로 확장해 다른 객체에 넣는 유틸리티 객체를 정의한다.

```
class LinearScaling(object):
  def __init__(self, src_range, dst_range):
    self.src_start, src_diff = src_range[0], src_range[1] - src_range[0]
    self.dst_start, dst_diff = dst_range[0], dst_range[1] - dst_range[0]
    self.src_to_dst_coeff = dst_diff / src_diff
    self.dst_to_src_coeff = src_diff / dst_diff

  def src_to_dst(self, X):
    return (X - self.src_start) * self.src_to_dst_coeff + self.dst_start

  def dst_to_src(self, X):
    return (X - self.dst_start) * self.dst_to_src_coeff + self.src_start
```

4. 다음 코드를 사용해 사용자 인터페이스를 정의한다.

```python
class SuperShapeFrame(wx.Frame):
  def __init__(self, parent, id, title):
    wx.Frame.__init__(self, parent, id, title,
      style = wx.DEFAULT_FRAME_STYLE ^ wx.RESIZE_BORDER,
      size = (480, 640))
    self.m = 3
    self.n1 = 2
    self.n1_scaling = LinearScaling((.01, 20), (0, 200))

    self.n2 = 18
    self.n2_scaling = LinearScaling((.01, 20), (0, 200))

    self.n3 = 18
    self.n3_scaling = LinearScaling((.01, 20), (0, 200))

    self.fig = Figure((6, 6), dpi = 80)

    panel = wx.Panel(self, -1)

    self.m_slider = wx.Slider(panel, -1, self.m, 1, 20, size =
      (250, -1), style = wx.SL_AUTOTICKS | wx.SL_HORIZONTAL |
      wx.SL_LABELS)

    self.n1_slider = wx.Slider(panel, -1, self.n1_scaling.src_to_dst(self.n1),
      0, 200, size = (250, -1), style = wx.SL_
      AUTOTICKS | wx.SL_HORIZONTAL | wx.SL_LABELS)

    self.n2_slider = wx.Slider(panel, -1, self.n1_scaling.src_to_dst(self.n2),
      0, 200, size = (250, -1), style = wx.SL_
      AUTOTICKS | wx.SL_HORIZONTAL | wx.SL_LABELS)

    self.n3_slider = wx.Slider(panel, -1, self.n1_scaling.src_to_dst(self.n3),
      0, 200, size = (250, -1), style = wx.SL_
      AUTOTICKS | wx.SL_HORIZONTAL | wx.SL_LABELS)

    self.m_slider.Bind(wx.EVT_SCROLL, self.on_m_slide)
    self.n1_slider.Bind(wx.EVT_SCROLL, self.on_n1_slide)
    self.n2_slider.Bind(wx.EVT_SCROLL, self.on_n2_slide)
```

```
        self.n3_slider.Bind(wx.EVT_SCROLL, self.on_n3_slide)

        sizer = wx.BoxSizer(wx.VERTICAL)
        sizer.Add(FigureCanvasWxAgg(panel, -1, self.fig), 0, wx.TOP)
        sizer.Add(self.m_slider, 0, wx.ALIGN_CENTER)
        sizer.Add(self.n1_slider, 0, wx.ALIGN_CENTER)
        sizer.Add(self.n2_slider, 0, wx.ALIGN_CENTER)
        sizer.Add(self.n3_slider, 0, wx.ALIGN_CENTER)
        panel.SetSizer(sizer)

        self.draw_figure()

    def on_m_slide(self, event):
        self.m = self.m_slider.GetValue()
        self.refresh_figure()

    def on_n1_slide(self, event):
        self.n1 = self.n1_scaling.dst_to_src(self.n1_slider.GetValue())
        self.refresh_figure()

    def on_n2_slide(self, event):
        self.n2 = self.n2_scaling.dst_to_src(self.n2_slider.GetValue())
        self.refresh_figure()

    def on_n3_slide(self, event):
        self.n3 = self.n3_scaling.dst_to_src(self.n3_slider.GetValue())
        self.refresh_figure()

    def refresh_figure(self):
        r = supershape_radius(self.phi, 1, 1, self.m, self.n1, self.n2, self.n3)
        self.lines.set_ydata(r)
        self.fig.canvas.draw_idle()

    def draw_figure(self):
        self.phi = np.linspace(0, 2 * np.pi, 1024)
        r = supershape_radius(self.phi, 1, 1, self.m, self.n1, self.n2, self.n3)
        ax = self.fig.add_subplot(111, polar = True)
        self.lines, = ax.plot(self.phi, r, lw = 3.)

        self.fig.canvas.draw()
```

5. 다음처럼 사용자 인터페이스를 지금 초기화하고 실행할 수 있다.

```
app = wx.App(redirect = True)
top = SuperShapeFrame(None, -1, 'SuperShape')
top.Show()
app.MainLoop()
```

6. 이번 스크립트는 수퍼쉐이프 곡선을 보여주는 창을 만든다. 8장의 이전 예제
처럼 다음 그림과 같이 슬라이더를 움직여 곡선의 모양을 변경한다.

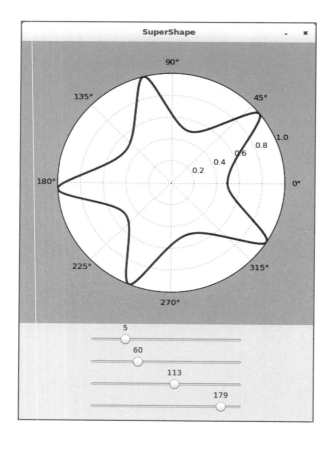

사용자 인터페이스 모습은 스크립트를 실행 중인 플랫폼인 리눅스, 윈도우, OS X
등에 따라 달라진다.

맷플롯립은 matplotlib.backends.backend_wxagg 모듈의 FigureCanvasWxAgg 객체를 제공한다. FigureCanvasWxAgg 객체는 맷플롯립 그림을 포함한 wxWidget 위젯이다. 위젯의 실제 크기는 내장한 그림에 의존한다. 여기서, 단위당 80화소인 6×6 단위의 Figure 인스턴스를 생성하며, 480×480 화소다. Figure 인스턴스와 위젯 생성은 다음 코드를 실행하면 될 만큼 아주 쉽다.

```
self.fig = Figure((6, 6), dpi = 80)
canvas = FigureCanvasWxAgg(canvas_container, -1, self.fig)
```

트킨터 예제에서 했던 것처럼 맷플롯립 위젯을 처리하는 두 단계가 있다. 그림을 그리고 갱신해야 한다. 해당 단계를 처리하는 draw_figure()와 refresh_figure() 메소드를 다시 생성한다.

draw_figure() 메소드는 Axes 인스턴스를 생성한 후, 곡선을 그리고, 결과 즉, 선 집합을 유지한다. 끝으로 다음처럼 플롯을 렌더링한다.

```
def draw_figure(self):
  self.phi = np.linspace(0, 2 * np.pi, 1024)
  r = supershape_radius(self.phi, 1, 1, self.m, self.n1, self.n2,self.n3)
  ax = self.fig.add_subplot(111, polar = True)
  self.lines, = ax.plot(self.phi, r, lw = 3.)

  self.fig.canvas.draw()
```

그러면 몇몇 사용자 입력 때문에 그림을 매번 고쳐야 하는데, 이때 refresh_figure()를 호출한다. refresh_figure() 메소드는 다음 코드를 이용해 플롯을 구성하는 선 집합을 갱신한다.

```
def refresh_figure(self):
  r = supershape_radius(self.phi, 1, 1, self.m, self.n1, self.n2, self.n3)
  self.lines.set_ydata(r)
  self.fig.canvas.draw_idle()
```

자, 볼 수 있듯이 wxWidgets나 트킨터를 사용해도 맷플롯립 측면에서 눈에 띄는 아무런 차이가 없다. 트킨터처럼 wxWidgets 슬라이더가 정수값 위치만 출력할 수 있으므로, 실수값 위치를 얻기 위해 이전 예제의 LinearScaling 객체를 사용해야 함을 주목하자.

플롯을 GTK 사용자 인터페이스에 통합

GTK는 사용자 인터페이스 라이브러리로서 특히 리눅스 환경에서 인기가 있다. GTK는 매우 완벽하고, GTK의 파이썬에 바인딩 된 PyGObject는 특히 사용하기가 편리하다. 이번 예제에서는 맷플롯립으로 GTK와 접속하는 방법을 보여준다. 보여줄 목적으로 수퍼쉐이프 애플리케이션을 사용한다.

준비

이번 예제는 파이썬에 바인딩된 최신 GTK를 사용하는 방법을 보여준다. 따라서 PyGObject(대부분 리눅스 배포판에 PyGObject 표준 패키지가 들어 있다)와 물론 GTK도 기존에 없었다면 설치해야 한다.

예제 구현

트킨터와 wxWidgets에 관한 이전 예제를 따라했다면, 지금은 맷플롯립을 사용자 인터페이스에 통합하는 다른 방법인 패턴을 보게 된다. 이 패턴은 여기에서도 동일하다. 맷플롯립은 GTK와 관련된, Figure 인스턴스를 내장한 캔버스 객체를 제공한다. GTK 사용자 인터페이스에 플롯 통합은 다음과 같은 단계로 수행할 수 있다.

1. 다음처럼 필수인 임포트 지시자부터 시작한다.

```
from gi.repository import Gtk
import numpy as np
from matplotlib.figure import Figure
from matplotlib.backends.backend_gtk3agg import FigureCanvasGTK3Agg
```

242

2. 수퍼쉐이프 곡선 정의를 다음처럼 추가한다.

```
def supershape_radius(phi, a, b, m, n1, n2, n3):
    theta = .25 * m * phi
    cos = np.fabs(np.cos(theta) / a) ** n2
    sin = np.fabs(np.sin(theta) / b) ** n3
    r = (cos + sin) ** (-1. / n1)
    r /= np.max(r)
    return r
```

3. 그러면 다음 코드를 사용해 사용자 인터페이스를 정의한다.

```
class SuperShapeWindow(Gtk.Window):
    def __init__(self):
        Gtk.Window.__init__(self, title = 'SuperShape')

        layout_box = Gtk.Box.new(Gtk.Orientation.VERTICAL, 0)
        self.add(layout_box)

        self.m = 3
        self.n1 = 2
        self.n2 = 18
        self.n3 = 18

        self.fig = Figure((6, 6), dpi = 80)
        w, h = self.fig.get_size_inches()
        dpi_res = self.fig.get_dpi()
        w, h = int(np.ceil(w * dpi_res)), int(np.ceil(h * dpi_res))

        canvas = FigureCanvasGTK3Agg(self.fig)
        canvas.set_size_request(w, h)
        layout_box.add(canvas)

        self.m_slider = Gtk.HScale.new(Gtk.Adjustment(self.m, 1, 20, 1., .1, 1))
        self.m_slider.connect('value-changed', self.on_m_slide)
        layout_box.add(self.m_slider)

        self.n1_slider = Gtk.HScale.new(Gtk.Adjustment(self.n1, .01, 20, 1., .1, 1))
        self.n1_slider.connect('value-changed', self.on_n1_slide)
        layout_box.add(self.n1_slider)

        self.n2_slider = Gtk.HScale.new(Gtk.Adjustment(self.n2, .01, 20, 1., .1, 1))
```

```
        self.n2_slider.connect('value-changed', self.on_n2_slide)
        layout_box.add(self.n2_slider)

        self.n3_slider = Gtk.HScale.new(Gtk.Adjustment(self.n3, .01, 20, 1., .1, 1))
        self.n3_slider.connect('value-changed', self.on_n3_slide)
        layout_box.add(self.n3_slider)

        self.draw_figure()

    def on_m_slide(self, event):
        self.m = self.m_slider.get_value()
        self.refresh_figure()

    def on_n1_slide(self, event):
        self.n1 = self.n1_slider.get_value()
        self.refresh_figure()

    def on_n2_slide(self, event):
        self.n2 = self.n2_slider.get_value()
        self.refresh_figure()

    def on_n3_slide(self, event):
        self.n3 = self.n3_slider.get_value()
        self.refresh_figure()

    def draw_figure(self):
        self.phi = np.linspace(0, 2 * np.pi, 1024)
        ax = self.fig.add_subplot(111, polar = True)
        r = supershape_radius(self.phi, 1, 1, self.m, self.n1, self.n2, self.n3)
        self.lines, = ax.plot(self.phi, r, lw = 3.)
        self.fig.canvas.draw()

    def refresh_figure(self):
        r = supershape_radius(self.phi, 1, 1, self.m, self.n1, self.n2, self.n3)
        self.lines.set_ydata(r)
        self.fig.canvas.draw_idle()
```

4. 마지막으로 다음 코드를 사용해 애플리케이션을 설정하고 시작한다.

```
win.connect('delete-event', Gtk.main_quit)
win.show_all()
Gtk.main()
```

5. 다음 그림과 같이 창에 수퍼쉐이프 곡선을 보여주며, 슬라이더로 곡선의 파라 미터를 조정할 수 있다.

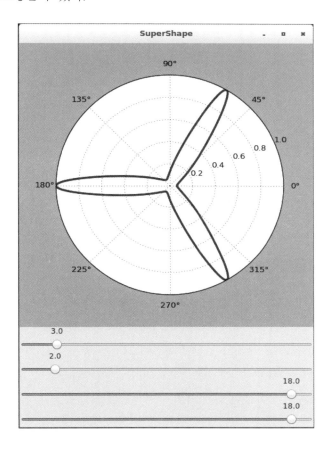

맷플롯립은 `matplotlib.backends.backend_gtk3egg` 모듈의 FigureCanvasGTK3Agg 객체를 제공한다. FigureCanvasGTK3Agg 객체는 맷플롯 립 그림을 포함한 GTK 위젯이다. 다음 코드를 사용해 캔버스 객체의 크기를 설정 해야 한다.

```
self.fig = Figure((6, 6), dpi = 80)
w, h = self.fig.get_size_inches()

dpi_res = self.fig.get_dpi()
w, h = int(np.ceil(w * dpi_res)), int(np.ceil(h * dpi_res))

canvas = FigureCanvasGTK3Agg(self.fig)
canvas.set_size_request(w, h)
```

여기서부터 익숙한 구성으로 돌아가자. 플롯을 생성하는 draw_figure() 메소드와 갱신하는 refresh_figure() 메소드를 갖고 있다. 이 메소드는 wxWidgets 예제에 이상적이다. wxWidget 예제와 몇 가지 작은 차이는 GTK API 명세에서 나온다. 예로 GTK의 슬라이더 위젯은 부동소수점 단위로 작동한다.

플롯을 파이글렛 애플리케이션에 통합

파이글렛은 모든 플랫폼상의 OpenGL를 사용하는, 매우 잘 만들어진 파이썬 모듈이다. 파이글렛은(물론 OpenGL도) 컴퓨터의 그래픽 하드웨어를 최대한 쓸 수 있게 해준다. 예로 파이글렛으로 3개의 인접한 화면에 그림을 멋진 전환 효과로 주는 작업은 꽤 쉽다. 이번 예제에서는 맷플롯립으로 파이글렛과 접속할 수 있는 방법을 살펴본다. 이전 예제처럼 아무런 위젯 없이 수퍼쉐이프를 화면 전체에 표시한다.

예제 구현

파이글렛은 트킨터와 wxWidgets의 위젯처럼 동일한 기능을 갖는 위젯이 없다. 이번 스크립트는 메모리상의 영상에 곡선을 렌더링한다. 그런 후에 전체 화면 표면상에 간단하게 영상을 보여준다. 따라서 전체 화면 모드에서 그림을 보여준다. 다음 코드를 사용해 어떻게 작동하는지 보자.

```
import pyglet, math, numpy, StringIO

from matplotlib.figure import Figure
from matplotlib.backends.backend_agg import FigureCanvasAgg

def render_figure(fig):
  w, h = fig.get_size_inches()
  dpi_res = fig.get_dpi()
  w, h = int(math.ceil(w * dpi_res)), int(math.ceil(h * dpi_res))

  canvas = FigureCanvasAgg(fig)
  pic_data = StringIO.StringIO()
  canvas.print_raw(pic_data, dpi = dpi_res)
  return pyglet.image.ImageData(w, h, 'RGBA', pic_data.getvalue(), -4 * w)

def draw_figure(fig):
  X = numpy.linspace(-6, 6, 1024)
  Y = numpy.sinc(X)

  ax = fig.add_subplot(111)
  ax.plot(X, Y, lw = 2, color = 'k')

window = pyglet.window.Window(fullscreen = True)

dpi_res = min(window.width, window.height) / 10
fig = Figure((window.width / dpi_res, window.height / dpi_res), dpi = dpi_res)

draw_figure(fig)
image = render_figure(fig)

@window.event
def on_draw():
  window.clear()
  image.blit(0, 0)

pyglet.app.run()
```

이번 스크립트는 전체 화면 모드에서 곡선을 표시하며, 화면의 전체 표면을 활용한다. 애플리케이션을 종료하려면 ESC 키를 눌러야 함을 유의하자.

맷플롯립은 `matplotlib.backends.backend_egg` 모듈의 일부이자 특별한 객체인 `FigureCanvasAgg`를 제공한다. 이 객체 생성자는 그림을 입력으로 취하며 파일에 결과를 렌더링할 수 있다. `print_raw()` 메소드를 사용하면, 파일에 기초 화소 데이터를 포함한다. 표준 `StringIO` 모듈은 메모리상 파일을 생성해준다. 따라서 다음처럼 `StringIO` 파일에 `FigureCanvasAgg`을 렌더링하도록 간단하게 요청한다.

```
canvas = FigureCanvasAgg(fig)
pic_data = StringIO.StringIO()
canvas.print_raw(pic_data, dpi = dpi_res)
```

그러면 메모리상 데이터를 탐색할 수 있으며, 다음처럼 파이글렛 Image 생성에 사용한다.

```
pyglet.image.ImageData(w, h, 'RGBA', pic_data.getvalue(), -4 * w)
```

그림의 너비 w와 높이 h를 지정해야 함에 주목하자. 다음 코드를 사용해 Figure 인스턴스의 차원과 해상도를 추정할 수 있다.

```
w, h = fig.get_size_inches()
dpi_res = fig.get_dpi()
w, h = int(np.ceil(w * dpi_res)), int(np.ceil(h * dpi_res))
```

이번 예제는 더 일반적으로 맷플롯립 그림을 메모리상 버퍼에 렌더링하는 방법을 보여준다. 예로 메모리상에 여러 그림을 렌더링하는 스크립트를 작성한 후, 비디오를 생성하는 모듈로 제공할 수 있다. 메모리상에서 이런 모든 일을 할 수 있기 때문에, 그림 파일을 하드디스크에 그냥 저장한 후, 나중에 그림을 비디오로 만드는 것보다 더 빠르다.

찾아보기

matplotlib을 이용한 데이터 시각화 프로그래밍
파이썬으로 구현하는 데이터 분석용 2D & 3D 그래프

발   행 | 2015년 1월 16일

지은이 | 알렉상드르 드베르
옮긴이 | 이 문 호

펴낸이 | 권 성 준
편집장 | 황 영 주
편   집 | 조 유 나
디자인 | 박 주 란

에이콘출판주식회사
서울특별시 양천구 국회대로 287 (목동)
전화 02-2653-7600, 팩스 02-2653-0433
www.acornpub.co.kr / editor@acornpub.co.kr

한국어판 ⓒ 에이콘출판주식회사, 2015, Printed in Korea.
ISBN 978-89-6077-668-5
ISBN 978-89-6077-210-6 (세트)
http://www.acornpub.co.kr/book/matplotlib

이 도서의 국립중앙도서관 출판시도서목록(CIP)은 서지정보유통지원시스템 홈페이지(http://seoji.nl.go.kr)와
국가자료공동목록시스템(http://www.nl.go.kr/kolisnet)에서 이용하실 수 있습니다.(CIP제어번호: CIP2015000569)

책값은 뒤표지에 있습니다.